A UTOPIA DA
PEQUENA ÁFRICA

ROBERTA SAMPAIO GUIMARÃES

A UTOPIA DA PEQUENA ÁFRICA

PROJETOS URBANÍSTICOS, PATRIMÔNIOS E CONFLITOS NA ZONA PORTUÁRIA CARIOCA

Copyright © 2014 Roberta Sampaio Guimarães
Todas as imagens do livro são da autora.

Direitos desta edição reservados à
Editora FGV
Rua Jornalista Orlando Dantas, 37
22231-010 | Rio de Janeiro, RJ | Brasil
Tels.: 0800-021-7777 | 21-3799-4427
Fax: 21-3799-4430
editora@fgv.br | pedidoseditora@fgv.br
www.fgv.br/editora

Impresso no Brasil | Printed in Brazil

Todos os direitos reservados. A reprodução não autorizada desta publicação, no todo ou em parte, constitui violação do copyright (Lei nº 9.610/98).

Os conceitos emitidos neste livro são de inteira responsabilidade do(s) autor(es).

1ª edição – 2014; Reimpressão – 2024.

Revisão dos originais: Fernanda Villa Nova de Mello
Revisão: Diogo Henriques
Projeto gráfico de miolo e montagem de capa: Ilustrarte Design e Produção Editorial
Projeto gráfico de capa: Pacha Urbano

Ficha catalográfica elaborada pela Biblioteca Mario Henrique Simonsen/FGV

Guimarães, Roberta Sampaio
    A utopia da pequena África : projetos urbanísticos, patrimônios e conflitos na Zona Portuária carioca / Roberta Sampaio Guimarães. – Rio de Janeiro : Editora FGV, 2014.
    248 p. : il.

    Originalmente apresentada como tese da autora (doutorado) – Universidade Federal do Rio de Janeiro, Instituto de Filosofia e Ciências Sociais, 2011.
    Inclui bibliografia e caderno de fotos.
    ISBN: 978-85-225-1489-2

    1. Planejamento urbano – Rio de Janeiro (RJ). 2. Patrimônio cultural – Rio de Janeiro (RJ). 3. Cultura afro-brasileira. 4. Morro da Conceição (Rio de Janeiro, RJ). I. Fundação Getulio Vargas. II. Título.

CDD – 307.76

Sumário

Prefácio: Autenticidade e transformações urbanas 7
Agradecimentos 13
Introdução: projetos urbanísticos, patrimônios e conflitos 15

1. O Plano Porto do Rio e o retorno da Pequena África 27
   Uma retórica sobre "vazios", "degradados"
   e "abandonados" 27
   Os efeitos da criação de um sítio "histórico" no
   Morro da Conceição 39
   As contraimagens da "cidade negra" 52
2. A "vizinhança" da parte alta do morro 67
   As afinidades e tensões entre moradores
   "novos" e "tradicionais" 67
   Os múltiplos sentidos da "festa da padroeira" 88
   Os "de dentro" da rua e os "misturados"
   da ladeira 104
3. Os "quilombolas" da Pedra do Sal e os
   "franciscanos" da Prainha 119
   Os espaços físicos, simbólicos
   e midiáticos de embate 120
   O pleito "étnico-racial" de um morro "negro" 130
   As obras sociais para uma
   "população marginalizada" 145
4. O "povo do santo" do Valongo 169
   "Agrados", "proteções" e "prestígios"
   na passagem do afoxé 170

Os "amigos" e os "filhos" da casa de Mãe Marlene d'Oxum	190
A formação e perpetuação de um "patrimônio imaterial"	207
Considerações finais: os imponderáveis percursos dos patrimônios	227
Referências bibliográficas	233
Outras fontes	238
Sobre a autora	240

PREFÁCIO
Autenticidade e transformações urbanas

José Reginaldo Santos Gonçalves
Professor do PPGSA/IFCS/UFRJ
Pesquisador do CNPq

O tema da autenticidade percorre, de modo explícito ou implícito, as belas páginas deste livro, cujo foco de descrição e análise é o Morro da Conceição, na Zona Portuária da cidade do Rio de Janeiro. Atualmente, a área é alvo de grandes intervenções urbanísticas, desencadeadas pela preparação dos megaeventos da Copa do Mundo e das Olimpíadas, em 2014 e 2016.

Nas representações sobre cada grande metrópole moderna é possível perceber uma espécie de "geografia da autenticidade", cujos limites, sempre fluidos, vão se alterando ao longo do tempo. É praticamente impossível furtar-se aos efeitos desse valor no espaço cotidiano de uma cidade, pois, seja nos discursos de certos segmentos sociais, seja nos meios de comunicação, seja nos projetos do planejamento urbano e discursos do turismo, a palavra é recorrente. Na medida em que a cidade moderna é percebida como o universo das relações impessoais e do anonimato, onde o convívio é permeado pelo desconhecimento e, mesmo, pela hostilidade recíprocos entre os seres humanos, a busca por esse valor torna-se, ainda que não explicitamente, uma espécie de obsessão coletiva. Ele se faz presente em diversas experiências sociais e discursos — notadamente naqueles sobre o espaço urbano. Um exemplo é o poderoso apelo desencadeado pela defesa de lugares, bairros e paisagens associados a determinado passado e reconhecidos como fontes de uma memória e uma identidade coletivas "autênticas".

Nesses espaços identificam-se formas arquitetônicas e urbanísticas, assim como formas de sociabilidade, classificadas como "tradicionais". Estas são fortemente contrapostas ao universo urbano moderno, percebido como predominantemente impessoal e abstrato e corroído por formas de vida e valores marcados negativamente pela "inautenticidade". Se no cotidiano da grande cidade as pessoas se desconhecem e se ignoram mutuamente, uma vez que tais relações são mediadas por regras abstratas e pelo cálculo, naqueles espaços "tradicionais" seus habitantes supostamente se conhecem e cultivam relações mediadas pelo afeto. Muitos desses espaços urbanos ganham repercussão ampla e frequentam os discursos do turismo e da preservação histórica: a Lapa e Santa Teresa no Rio de Janeiro, o Pelourinho em Salvador, o bairro de Alfama em Lisboa, Montmartre em Paris, o Village em Nova York etc. Os exemplos são numerosos e parecem acompanhar necessariamente a história das grandes cidades modernas. Evidentemente, nem sempre esses bairros foram conhecidos por tal prisma. Em determinado momento de sua longa história, tornaram-se espécies de *fronts* da autenticidade, quando vieram a ser habitados e frequentados por jovens estudantes, artistas e intelectuais em início de carreira e personagens identificados por formas alternativas de vida social e um discurso de crítica cultural.

Profissionais do planejamento urbano e da preservação histórica atuam muitas vezes como defensores dessas áreas, buscando, por meio de intervenções urbanísticas e sociais, garantir sua integridade ameaçada pelas transformações urbanas. Em outros casos, acusações dirigidas a alguns desses bairros como "áreas degradadas" ou "abandonadas" justificam ideologicamente intervenções, visando a sua "revitalização". Essas intervenções, independentemente de suas intenções, trazem consigo a valorização imobiliária desses espaços e a alteração do perfil socioeconômico de sua população. Este é o momento em que esses bairros se tornam famosos enquanto objetos do mercado turístico e imobiliário, quando se transformam em "patrimônios culturais". Aos poucos, vêm a ser frequentados por turistas e habitados por artistas consagrados e profissionais bem-sucedidos em moradias reformadas, com seus prédios ocupados por galerias de arte e lojas de grife. Seus antigos moradores já não podem pagar os altos aluguéis. A partir de então, os bairros passam a viver uma nova etapa em sua biografia: entram, através de sua singularidade, num circuito globalizado.

Ao longo de sua história recente, o Morro da Conceição evidencia alguns desses traços, sendo também classificado por diversos agentes e por diferentes razões como um espaço marcado pela tradição e autenticidade. Alguns de seus habitantes o comparam a Santa Teresa. Situado na zona portuária da cidade, nas últimas décadas vem sendo objeto de inúmeras intervenções urbanísticas por parte de agências governamentais. Mais recentemente, em função dos megaeventos da Copa do Mundo de 2014 e das Olimpíadas de 2016, intensificaram-se os investimentos e as intervenções urbanísticas em toda a região, incluindo-se o Morro da Conceição. Na medida em que essas intervenções, conduzidas pelo estado e pelo município, não ocorrem numa espécie de vazio social e operam numa intricada rede de relações sociais locais, cuja dinâmica oferece uma série de resistências, seus resultados jamais correspondem precisamente ao planejado. Entender essas relações sociais locais, assim como os diversos e conflitantes pontos de vista que delas emergem, é condição indispensável para uma avaliação ponderada sobre tais situações.

O livro que você, leitor, tem em mãos desempenha um papel importante no esclarecimento dessas dinâmicas locais.

Uma de suas contribuições consiste na desnaturalização dos espaços da cidade, pois explora descritiva e analiticamente os efeitos de suas diversas representações. Baseado em trabalho de campo e numa "descrição densa" das interações sociais no cotidiano do Morro da Conceição, esta obra ilumina dimensões que costumam estar ausentes nos discursos dos agentes do planejamento urbano. Seus discursos são descritos e analisados num contraponto permanente aos pontos de vista locais.

Afinal, como as diversas categorias de moradores entendem e respondem às iniciativas do estado e do mercado em relação àquela área da cidade? Esta é uma pergunta que atravessa todo o livro. E aí está uma de suas principais contribuições aos debates atuais sobre as transformações urbanas desencadeadas pelos grandes projetos urbanísticos suscitados pelos megaeventos. Problematizando uma perspectiva segundo a qual o Morro da Conceição seria uma área "tradicional", ocupada historicamente por espanhóis e portugueses, a autora mostra a diversidade de grupos sociais que habitam aquele espaço, as formas de hierarquia, classificações recíprocas e relações de poder que permeiam essas interações. O livro mostra ainda que os chamados ocupantes tradicionais do morro não se apresentam de forma homogênea e, além disso, reconhecem em sua experiência e em suas representações cotidianas a presença de diversos grupos sociais, diante dos quais se situam de modo mais ou menos próximo. Há descendentes de imigrantes portugueses, a maioria situada no alto do morro, mas também recentes migrantes nordestinos situados na parte baixa. Há um segmento de artistas e intelectuais que procuraram o morro nas últimas décadas em busca de aluguéis mais baratos e de um espaço tranquilo que se oferecia como alternativa à tensão cotidiana do centro da cidade. Estes seriam uma espécie de vanguarda da autenticidade, para a qual o Morro da Conceição estaria se tornando uma nova Santa Teresa. Há ainda grupos sociais identificados com grupos religiosos afro-brasileiros e o movimento negro, este último em conflito com a Igreja Católica, proprietária de muitos imóveis na área. Acrescente-se a essa teia de relações os agentes do poder estadual e municipal que operam na região.

Enfim, trata-se de uma situação social extremamente complexa, cuja trama impõe efeitos nem sempre esperados por parte dos profissionais de planejamento urbano. Do ponto de vista de cada um desses grupos locais, não há consenso sobre as avaliações a respeito dos recentes projetos implementados pelo estado e pelo município do Rio de Janeiro na Zona Portuária, que engloba o Morro da Conceição. Se, por um lado, aqueles profissionais veem toda a área tomando como referência o tempo histórico e as intervenções de Pereira Passos na cidade do Rio de Janeiro, tomando esse evento como fonte identitária para sua atuação profissional; grupos sociais locais tomam como referência o momento em que a região era conhecida como "Pequena África", o que fundamenta suas reivindicações por identidade e memória étnicas e pela propriedade de determinadas áreas, uma vez que entendem terem sido estas ocupadas originalmente por seus ascendentes. O que este livro mostra é que, na vida cotidiana do morro, todos esses grupos, descendentes de espanhóis e portugueses, grupos identificados com o movimento negro e grupos religiosos afro-brasileiros, artistas, intelectuais e migrantes nordestinos, interagem e estabelecem relações de vizinhança, amizade e, ao mesmo tempo, de conflito. Nesse sentido, o Morro da Conceição definitivamente não é um todo homogêneo. Sua suposta autenticidade fundada na ocupação histórica por imigrantes portugueses e espanhóis no século XIX não é uma evidência. Prender-se a essa afirmativa implica ignorar toda a história do morro e a presença de grupos tão diversos e com pontos de vista e interesses muitas vezes antagônicos. A autora distancia-se desse prisma e, assim, nos ajuda a refletir acerca do feitiço que determinada geografia da autenticidade exerce sobre nós, por meio da qual percebemos os bairros, as ruas e os habitantes de uma cidade. Não que possamos nos desfazer desse valor, mas podemos, sim, de forma terapêutica, perceber o quanto sua reprodução e seu questionamento dependem de nosso esforço de reflexão e de nossa capacidade de ação coletiva.

Rio de Janeiro, primavera de 2013

Agradecimentos

Imaginar o mundo como um espaço habitado por diversas espécies, entre homens, deuses, antepassados, animais e plantas, foi certamente meu principal aprendizado durante a realização desta pesquisa. A convivência com múltiplas pessoas no decorrer do trabalho de campo me possibilitou exercitar a criatividade e perceber que o "sentido" do mundo, além do significado que atribuímos a ele, é também a forma como sensivelmente o vivenciamos.

No processo de pesquisa e aprendizado, gostaria de agradecer a algumas pessoas e instituições que foram fundamentais, por seu apoio intelectual, afetivo ou material. Ao meu orientador na tese de doutorado, José Reginaldo Santos Gonçalves, pelo estímulo intelectual e pelo agradável ambiente de troca nas aulas e nos seminários do Núcleo de Antropologia dos Objetos (Nuclao) e do Laboratório de Antropologia da Arquitetura e Espaços (Laares), no Programa de Pós-Graduação em Antropologia e Sociologia do IFCS/UFRJ.

Aos membros da banca examinadora, Vagner Gonçalves da Silva, Marcia de Vasconcelos Contins, Peter Fry e Beatriz Heredia, pelas sugestões e comentários que busquei incorporar ao livro. Aos professores Marco Antônio Gonçalves, Maria Laura Cavalcanti, Glaucia Villas Bôas e Ana Maria Galano, pela importância na minha formação intelectual. E aos colegas Alberto Goyena, Nina Bitar, Roberto Marques e Luzimar Pereira, pelos estimulantes debates.

Agradeço a todos que participaram da pesquisa e em especial à acolhida de Mãe Marlene d'Oxum, Nazaré, Luan, Carlos Machado, Regina Branca, Wilson Silva e Antônio Agenor. E à família e aos amigos por todo o carinho e incentivo, principalmente a minha mãe, Silvia, meu marido, Joca, e meu filho, Leon.

Agradeço por fim à Capes, por ter me concedido uma bolsa de estudo durante o doutorado, e à Faperj, pelo auxílio financeiro para a edição do livro.

INTRODUÇÃO
Projetos urbanísticos, patrimônios e conflitos

ELEVADO DA PERIMETRAL, ENCONTRO DAS AVENIDAS RODRIGUES ALVES E RIO BRANCO. ABRIL DE 2008.

O Porto do Rio — Plano de Recuperação e Revitalização da Região Portuária do Rio de Janeiro foi divulgado pela Prefeitura em 2001 e concentrou diferentes projetos, visando incentivar o desenvolvimento habitacional, econômico e turístico dos bairros portuários da Saúde, Gamboa e Santo Cristo. Em meados de 2007, quando iniciei um estudo sobre o plano e seus efeitos sociais,[1] a Zona Portuária já passava por um rápido processo de ressignificação perante a cidade: nos imaginários construídos pelas diferentes mídias, não era mais associada apenas à prostituição, ao tráfico de drogas e às habitações "favelizadas", despontando narrativas que positivavam alguns de seus espaços, habitantes e "patrimônios culturais".

Dentro do amplo território portuário, os planejadores urbanos que idealizaram o Plano Porto do Rio haviam concentrado investimentos simbólicos e materiais nos arredores da praça Mauá, situada na convergência do bairro da Saúde com a avenida Rio Branco, via do Centro da cidade ocupada por estabelecimentos financeiros e comerciais. Naquele momento, algumas transformações já haviam ocorrido em seu

---

[1] Esse estudo foi desenvolvido em meu doutoramento em Antropologia Cultural, no Programa de Pós-Graduação em Sociologia e Antropologia do IFCS/UFRJ, e resultou na tese *A utopia da Pequena África. Os espaços do patrimônio na Zona Portuária carioca* (Guimarães, 2011a). Minha escolha pelo tema foi um desdobramento da dissertação de mestrado, *A moradia como patrimônio cultural. Discursos oficiais e reapropriações locais* (Guimarães, 2004), em que pesquisei o polêmico processo de transformação de diversos imóveis da economicamente valorizada Zona Sul carioca em "patrimônios culturais". Também uma iniciativa da dupla gestão do prefeito Cesar Maia (2001-2008), a decretação das Áreas de Proteção ao Ambiente Cultural (Apacs), havia unido os interesses do governo municipal e de algumas associações de moradores para que fosse inibida a alteração das características urbanísticas, arquitetônicas e sociais dessa região, pressionando a indústria da construção civil a atuar em outros bairros da cidade, entre eles os bairros portuários.

entorno: a rua Sacadura Cabral foi reurbanizada, o que resultou na instalação de bares e casas de espetáculos voltados para um público de classe média; na Gamboa, foram construídas as arquitetonicamente monumentais Vila Olímpica[2] e Cidade do Samba;[3] o terminal de passageiros do porto foi reformado, aumentando o fluxo de turistas nacionais e internacionais na região; e o Morro da Conceição foi divulgado como "sítio histórico de origem portuguesa", atraindo gradualmente moradores de maior poder aquisitivo.

Por ser ocupado de forma predominantemente residencial, foi nesse planalto de dimensões modestas que desenvolvi meu trabalho de campo entre outubro de 2007 e dezembro de 2009.[4] Nesse período, os espaços da base do morro apresentavam um intenso trânsito de carros, ônibus e vans e o predomínio de sobrados de dois ou três andares ocupados pelo pequeno comércio, como pastelarias, lojas de sucos, bares, restaurantes, lojas de materiais e serviços para

---

[2] Inaugurada em 2004, a Vila Olímpica da Gamboa ocupou uma área de 25 mil m², onde foram instalados pista de atletismo, piscina, quadras esportivas, campo de futebol e áreas para as práticas de skate e vôlei de praia. Informações disponíveis em: <http://www.rio.rj.gov.br/web/smel/exibeconteudo?article-id=133640>.

[3] A Cidade do Samba foi inaugurada em 2005 por iniciativa da Prefeitura e da Liga de Escolas de Samba. Ocupou um terreno de 92 mil m² com 14 prédios de três pavimentos destinados à produção das escolas de samba, um prédio administrativo, uma praça central equipada com lonas para espetáculos e exposições, quatro lanchonetes e 186 vagas de estacionamento. Informações disponíveis em: <http://cidadedosambarj.globo.com>.

[4] Durante o período de pesquisa, participei do cotidiano do Morro da Conceição, realizei entrevistas com moradores, usuários, gestores governamentais e especialistas de diversas áreas; consultei arquivos públicos, bibliografia especializada, filmes, projetos urbanísticos, relatórios e processos jurídicos; e produzi material fotográfico e filmográfico de espaços, festas e eventos públicos.

escritório, depósitos de bebidas e oficinas de automóveis. Já suas partes médias e altas eram compostas por vias estreitas, em sua maioria de paralelepípedos ou pedras portuguesas, com tráfego de poucos carros e motos, e as construções eram sobrados de uso residencial, com exceção de três pequenos bares de propriedade de moradores e edificações pertencentes ao Exército, à Igreja Católica e à Universidade Federal do Rio de Janeiro.

As características físicas e sociais das partes médias e altas do morro provocavam a desaceleração do ritmo fisiológico dos transeuntes e conduzia à sensação de passagem para outro tempo e espaço da turbulenta cidade. Essa sensação, no entanto, não era o resultado de um esquecimento daquela "ilha urbana" pelas ações governamentais ao longo dos anos, como diversas vezes escutei de habitantes e especialistas em planejamento urbano. A pesquisa que realizei apontou que tal espacialidade havia sido construída tanto através das práticas de seus habitantes quanto das diversas e muitas vezes contraditórias políticas de ordenamento e gestão das sucessivas prefeituras. Ou seja, fora a partir de um ativo e contínuo processo de moldagem que se consolidou o imaginário do sítio histórico do Morro da Conceição.

Porém, durante o desenvolvimento da pesquisa, observei que a noção espacial de "morro"[5] e a noção social de "tradição portuguesa" eram vivenciadas de forma difusa, já que no cotidiano seus habitantes realizavam diferentes percursos, circuitos e classificações socioespaciais. O Morro da Conceição era, assim, um local fragmentado, que continha

---

[5] Nos mapas utilizados pelos planejadores urbanos municipais, a área do Morro da Conceição era delimitada pelos encontros da travessa do Liceu e das ruas Sacadura Cabral, Camerino, Senador Pompeu, da Conceição, Júlia Lopes Almeida, dos Andradas, Leandro Martins e do Acre.

diversas cosmologias e formas de habitar, abarcando grupos e indivíduos com múltiplas maneiras de perceber seus espaços e narrar seu passado, e que, a despeito dessa diversidade, as propostas de "revitalização" da Prefeitura estavam valorizando determinados habitantes e entendendo outros como indesejados, em virtude de suas formas de habitar, tidas como "insalubres" ou "irregulares". Essas classificações estavam produzindo, entre outros efeitos, o acirramento de conflitos sobre os usos dos espaços do morro, a atração de projetos de entidades assistenciais voltados para o controle e ordenamento de uma população tida como "marginalizada" ou "criminosa" e a movimentação de narrativas de tradição para demarcar fronteiras identitárias e territoriais.

Focalizei, então, especificamente, três situações sociais surgidas como efeitos diretos ou indiretos das propostas urbanísticas. Em comum, nelas era articulada uma noção de patrimônio culturalmente "autêntico"[6], referente a determinados *pontos nodais* (Lynch, 1999):[7] espaços que condensavam

---

[6] Existe uma ampla literatura que problematiza o uso do termo "autenticidade" para evocar a ideia de verdade, genuinidade e intimidade. Seja se referindo a objetos de arte ou a bens culturais, diversos autores questionam a utilização corrente dessa noção como algo supostamente imanente ao próprio objeto de estudo, apontando seu caráter de construção discursiva. Ver Benjamin, 1994; Handler, 1985; Gonçalves, 1988; Clifford, 1994.

[7] Na ampla definição de Lynch, "os pontos nodais são pontos, lugares estratégicos de uma cidade através dos quais o observador pode entrar, são os focos intensivos para os quais ou a partir dos quais ele se locomove. Podem ser basicamente junções, locais de interrupção de transporte, um cruzamento ou uma convergência de vias, momentos de passagem de uma estrutura a outra. Ou podem ser meras concentrações que adquirem importância por serem a condensação de algum uso ou de alguma característica física, como um ponto de encontro numa esquina ou uma praça fechada. Alguns desses pontos nodais de concentração são o foco e a síntese do bairro, sobre o qual sua influência se irradia e do qual são um símbolo" (1999:52-53).

usos, para onde convergiam diferentes vias e que haviam se tornado foco de irradiação simbólica do morro. Acompanhei os habitantes da parte alta a partir de suas atividades nos arredores do largo da Santa, espaço classificado pelos planejadores urbanos municipais como portador de um patrimônio "português e espanhol". Observei ainda o conflito habitacional entre alguns moradores do morro que se identificavam como portadores do patrimônio "negro" da Pedra do Sal, localizado no largo João da Baiana, e os dirigentes de uma entidade católica que se atribuíam o patrimônio "franciscano" referenciado na Igreja de São Francisco da Prainha, no adro de São Francisco. E participei das atividades dos integrantes de um bloco carnavalesco sediado no Valongo, defronte à praça dos Estivadores, que se identificavam como portadores do patrimônio "do santo".

Todos esses patrimônios eram considerados *bens inalienáveis* (Weiner, 1992)[8] por seus portadores, ou seja, bens que requeriam uma conservação obrigatória, já que sua troca,

---

[8] Como argumenta Weiner, "algumas coisas, embora sejam oferecidas a outros por um tempo, são bens inalienáveis. A questão não é como uma dádiva provoca um retorno, mas quais bens os membros de um grupo são capazes de manter durante gerações, mesmo quando eles devem emprestá-los a outros durante um tempo. No caso trobriandês, terras, nomes, textos mágicos e decorações de casa e corporais estão entre os bens que pertencem aos membros das linhagens maternas individuais. Frequentemente esses bens são emprestados a pessoas que nasceram em outras linhagens maternas, que é uma forma conhecida de ao longo do tempo fazer parentes ou não parentes. Mais tarde, esses bens inalienáveis devem ser recuperados, geralmente por pessoas da próxima geração que não participaram da dádiva inicial. Algumas vezes esses bens se perdem do grupo proprietário, porque ele pode não ter tido a riqueza para recuperá-lo. Assim, embora a circulação de bens inalienáveis permita a reprodução de uma rede expandida de relações de parentesco ao longo do tempo, esses atos sempre carregam o potencial da perda e a chance de traição" (1992:26). Trecho traduzido pela autora.

venda ou extinção poderia abalar a percepção de que possuíam uma experiência cultural singular e desencadear uma mudança de *status* e posição social frente às suas redes de relação. E os bens eram circulados, conservados e transmitidos não somente através de espaços e formas de habitar, mas também por meio de objetos, rituais, filmes, músicas, textos literários, matérias jornalísticas, estudos acadêmicos, intervenções arquitetônicas, ações judiciais etc.

No caso dos habitantes que se identificavam como "negros" e "do santo", seus patrimônios se contrapunham ao imaginário da Prefeitura, que atrelava simbolicamente os espaços e habitantes do morro à ocupação portuguesa e católica. A partir da noção de Pequena África, eles passaram a apresentar demandas de reconhecimento social e de permanência nos espaços do morro, afirmando o que consideravam ser a singularidade de suas identidades e tradições.

Os herdeiros da Pequena África demarcavam o passado da Zona Portuária através de tempos e espaços específicos:[9] a comercialização de escravos africanos no mercado do Valongo e o enterro em cova rasa na Gamboa daqueles que haviam morrido na travessia marítima, a partir do século XVIII; a ocupação de casas da Saúde e do entorno da Pedra do Sal por migrantes baianos e africanos, a partir de meados do século

---

[9] A narrativa sobre o passado da Pequena África se assemelhava a uma narrativa mítica, por presentificar eventos tidos como "históricos", buscar reconstituir uma noção de totalidade social e possuir variadas versões. Ao analisar essa narrativa mítica, adoto a sugestão de Lévi-Strauss e Eribon, que consideravam ser menos interessante questionar sua origem do que a atitude das pessoas diante de seus mitos. Assim, "não escolhemos entre essas versões, não fazemos sua crítica, não decretamos que uma delas seja verdadeira ou mais verdadeira do que a outra: aceitamo-las simultaneamente, e não ficamos perturbados com suas divergências" (Lévi-Strauss e Eribon, 2005:199).

XIX; e, com as reformas urbanísticas realizadas pelo prefeito Pereira Passos no início do século XX, o deslocamento habitacional desses migrantes para a Cidade Nova e para as favelas e subúrbios da cidade.[10] A fim de presentificar tal passado, operavam uma gramática performativa própria em suas manifestações públicas: tocavam ritmos percussivos, ofertavam comidas associadas à culinária afro-brasileira, como feijoada, frango com quiabo, acarajé e angu, e utilizavam gestuais e vestimentas do candomblé.

Por meio da noção de Pequena África, era idealizada, portanto, uma sociedade aperfeiçoada a partir de um modelo de ancestralidade, identidade e religiosidade africanas, com a valorização da sociabilidade do samba, do trabalho portuário, do candomblé e das formas de habitar em que diversos núcleos familiares cooperavam entre si. Assim, para seus herdeiros, o patrimônio da Pequena África não era um mero emblema identitário: era uma *utopia* (Foucault, 2006),[11] uma forma de vivenciar os espaços da Zona Portuária não limitada

---

[10] As designações espaciais utilizadas neste livro, como favela, subúrbio, Zona Portuária, Centro, Zona Norte e Zona Sul, são baseadas nos usos nativos encontrados durante o trabalho de campo. Não pretendem, assim, discutir ou reificar noções ideológicas de descrição e análise da realidade. Uma problematização da construção de tais noções, principalmente a de "subúrbio", encontra-se em Fernandes (2011), que demonstra como a categoria foi ressemantizada no Rio de Janeiro a partir da reforma urbanística do prefeito Pereira Passos, passando a ser associada à população que teve suas habitações deslocadas para locais da cidade situados ao longo da Estrada de Ferro Pedro II, conectada à estação Central do Brasil, no Centro da cidade.

[11] Para Foucault, "as utopias são os posicionamentos sem lugar real. São posicionamentos que mantêm com o espaço real da sociedade uma relação geral de analogia direta ou inversa. É a própria sociedade aperfeiçoada ou é o inverso da sociedade, mas, de qualquer forma, essas utopias são espaços que fundamentalmente são essencialmente irreais" (2006:414-415).

à percepção de um território inanimado a ser economicamente explorado; mas como um *mundo habitado* (Ingold, 2000),[12] constituído por humanos, animais, plantas, deuses e mortos, e em constante criação e dissolução.

No capítulo 1, abordo as concepções dos idealizadores do Plano Porto do Rio sobre os amplos terrenos operacionais da retroárea portuária, a partir de seus usos das categorias "vazio", "degradado" e "abandonado". Apresento alguns estudos e ações patrimoniais, arquitetônicos e urbanísticos desenvolvidos pela Prefeitura que criaram um "sítio histórico" no Morro da Conceição a partir de narrativas sobre a "origem" e "autenticidade" de sua ocupação portuguesa. Por fim, analiso como a construção desse imaginário excluiu outras memórias e identidades no morro, gerando a reação de habitantes que se atribuíram um patrimônio condensado na noção da Pequena África e relativo às práticas religiosas, políticas e recreativas da "cidade negra".

No capítulo 2, narro o início do trabalho de campo na "parte alta" do morro através do contato com "novos" mora-

---

[12] A partir de um estudo sobre a noção de "casa", Ingold contrasta o que chama de "building perspective" (perspectiva construída) e de "dwelling perspective" (perspectiva habitada). Ele propõe que a casa é formada por muitos e diversos habitantes animais, que podem ser tanto alimentados pelos humanos, como os cachorros e cavalos, quanto ficarem abrigados em recantos e rachaduras. E que todos contribuem para o desenvolvimento de sua forma, assim como fazem os habitantes humanos com seus reparos, decorações e alterações estruturais para adaptação às suas circunstâncias domésticas. Assim, para Ingold as casas são organismos vivos que, "como as árvores, têm histórias de vida que abarcam suas relações tanto com os componentes humanos como com os não humanos de seu meio ambiente. À medida que a influência do componente humano prevalecer, a característica do meio ambiente será mais visível como uma construção; à medida que o componente não humano prevalecer, será menos visível dessa forma" (2000:187). Trecho traduzido pela autora.

dores e apresento como eles se inseriram na vizinhança "tradicional", estabelecendo relações muitas vezes permeadas por choques entre visões de mundo. Analiso ainda como, na realização da "festa da padroeira", determinadas situações dramatizaram as diferentes formas de vivenciar o morro, confrontando, suspendendo ou subvertendo o que seriam seus presumidos sentidos religiosos. Abordo como nas duas principais vias da parte alta do morro eram operadas diferentes classificações de espaços, habitantes e práticas sociais, através da articulação das oposições "de dentro" *versus* "de fora" e "puro" *versus* "misturado".

No capítulo 3, descrevo como o conflito habitacional entre alguns moradores da base do morro e dirigentes da entidade católica Venerável Ordem Terceira de São Francisco da Penitência produziu um pleito para a demarcação de um território da Comunidade de Remanescentes de Quilombo da Pedra do Sal. Exponho a projeção desse conflito na mídia local e nacional e como cada uma das partes envolvidas defendeu o que entendiam ser o patrimônio "negro" e o "franciscano" no morro. Analiso como os pleiteantes do reconhecimento étnico presentificaram uma narrativa mítica sobre a Pequena África e produziram um calendário festivo de conversão cíclica da Pedra do Sal em território negro, e como a entidade católica se uniu a instituições locais, nacionais e internacionais a fim de viabilizar econômica, estética e juridicamente a desocupação e reforma dos imóveis do morro e ampliar suas "obras sociais e educacionais" voltadas para a "população marginalizada" da região.

No capítulo 4, descrevo as práticas e os valores sociais movimentados pelo bloco carnavalesco Afoxé Filhos de Gandhi e como, através das categorias "agrado", "proteção" e "prestígio", seus integrantes estabeleciam um amplo sistema de trocas com orixás, mortos, homens, animais, plantas e coisas. Em seguida, apresento algumas festas e rituais religiosos da casa de candomblé de Mãe Marlene d'Oxum, que congregava diversos integrantes do bloco, abordando como as categorias "amigo" e "filho" organizavam suas relações sociais. Por fim, analiso as narrativas sobre o passado das práticas carnavalescas e religiosas de dois "antigos" integrantes e como, na contemporaneidade, a noção de Pequena África passou a ser operada para legitimar as reivindicações de reconhecimento do bloco como "patrimônio imaterial da cidade" e fixar sua sede no Valongo.

MONUMENTO A ZUMBI DOS PALMARES, AVENIDA PRESIDENTE VARGAS.
NOVEMBRO DE 2008.

1 O Plano Porto do Rio e o retorno da Pequena África

Uma retórica sobre "vazios", "degradados" e "abandonados"

O Plano Porto do Rio foi elaborado por três planejadores urbanos da Prefeitura que já idealizavam havia anos projetos urbanísticos e patrimoniais para os bairros portuários: Alfredo Sirkis, que na época do plano era secretário de Urbanismo e presidente do Instituto Pereira Passos; Augusto Ivan Pinheiro, que era diretor de Urbanismo; e Nina Rabha, que era gerente de Urbanismo.[13]

Segundo Augusto Ivan, seu contato com as áreas centrais e portuárias da cidade se iniciou em 1978, quando desenvolveu um estudo de especialização sobre a ocupação dos sobrados da Saara pela migração árabe-judaica.[14] Em decorrência desse

---

[13] Esses planejadores me concederam entrevistas no segundo semestre de 2008, momento em que Alfredo Sirkis era candidato a vereador pelo Partido Verde; Augusto Ivan Pinheiro era secretário municipal das Culturas; e Nina Rabha era diretora do Centro de Arquitetura e Urbanismo, espaço do governo municipal.

[14] O mercado de lojas populares da Saara se estende pelas ruas dos Andradas, Buenos Aires, Alfândega, Senhor dos Passos, Uruguaiana, entre outras. De acordo com estudo realizado por Mizrahi (2003), os primeiros imigrantes do Oriente Médio que se estabeleceram na cidade ocuparam as imediações da Central do Brasil. A rua da Alfândega teria ficado então conhecida como rua dos Turcos, por abrigar as residências de famílias mulçumanas, maronitas e judias, e toda a área foi denominada de "Pequena Turquia". Em 1962, projetos urbanísticos que visavam derrubar edificações na área central levaram os comerciantes da região a se

estudo, no ano seguinte ele foi convidado para integrar a equipe da Secretaria Municipal de Planejamento, de idealização do Projeto Corredor Cultural do Centro. De acordo com o urbanista, desde a década de 1970 já existiam políticas municipais específicas para a preservação do espaço urbano carioca, mas visavam apenas controlar a volumetria das edificações, e não obrigavam que fossem mantidos seus aspectos físicos. O Corredor Cultural do Centro tinha sido então a primeira área ampla de preservação urbana criada pela Prefeitura, resultando na patrimonialização de cerca de 1.600 edificações[15] e na valorização de um "modo de vida" entendido como típico.

> No caso do Corredor Cultural a ideia era também manter aquele modo de vida, aquele tipo de comércio, aquele tipo de relação. Desde o início essa preocupação existia. Os comerciantes árabes, judeus, aquela forma de vender que parece um mercado árabe, tudo isso era falado e escrito. Não é uma coisa que depois se montou um discurso, o discurso vinha colado: o patrimônio edificado como patrimônio cultural. (...) Achava-se que se você preservasse as casas não ia haver especulação imobiliária, portanto não haveria expulsão. Se você não pode demolir, não pode construir prédio alto, a tendência é que ela ficasse ali. E isso funcionou muitíssimo bem. O Saara só foi modificado agora porque entrou uma leva coreana e chinesa que foi aos poucos se instalando no lugar, daí você não pode pregar as pessoas nem as etnias no lugar, ainda mais num país como o nosso. As pessoas têm

organizarem em torno da Saara — Sociedade dos Amigos das Adjacências da Rua da Alfândega.
[15] O Corredor Cultural do Centro preservou imóveis da Lapa, Passeio Público, Cinelândia, Carioca, praça Tiradentes, largo de São Francisco, Saara e praça XV (*Revista do Instituto de Estudos Brasileiros*, 1992).

mobilidade, podem sair de um lugar pro outro (Augusto Ivan Pinheiro, entrevista concedida em 2008).

Foi depois da criação do Corredor Cultural do Centro que começaram as propostas de patrimonialização da Zona Portuária. Como narrado por Nina, em 1983 houve um amplo movimento popular em prol da preservação da região como reação à proposta urbanística, apresentada pela Associação Comercial do Rio de Janeiro, de transformá-la em polo exportador de produtos, aumentando as atividades ligadas ao comércio, à indústria e à movimentação portuária. As associações de moradores teriam então temido que fossem alteradas as formas de uso do espaço, ocupado predominantemente por sobrados residenciais e pequeno comércio, e mobilizaram um seminário com a participação de diferentes representantes governamentais. A arquiteta acompanhou todo o processo por ter iniciado em 1980 um estudo sobre as relações sociais e configurações espaciais dos bairros portuários durante seu mestrado em geografia.

Foi também durante essa década que Sirkis despontou como liderança de movimentos ecológicos, com sua atuação incidindo sobre as definições de gabaritos e normas de construção de edificações em áreas da cidade consideradas de alto valor "paisagístico e natural". Sua relação com os projetos urbanísticos desenvolvidos na Zona Portuária, no entanto, só se aprofundou em 1992, quando foi convidado pela Prefeitura para participar de um congresso em Veneza em que seriam discutidas experiências de revitalização de diversas áreas portuárias no mundo.

Portanto, em suas trajetórias políticas e intelectuais, os três haviam tido suas atuações em bairros portuários ligadas a causas e efeitos da decretação municipal da Área de Proteção Ambiental Sagas — acrônimo dos bairros portuários da Saúde, Gamboa e Santo Cristo. O Projeto Sagas começou a ser discutido em 1983 e, quando foi decretado, em 1988, modificou o *status* de diversos espaços e de cerca de 2 mil bens da região. Do ponto de vista legal, os bens "tombados" não puderam mais ser demolidos nem sofrer alterações que os descaracterizassem na parte externa ou interna; os "preservados", embora também não pudessem ser demolidos ou ter a fachada, o telhado e a volumetria alterados, puderam ter o interior modificado desde que seguissem as orientações do órgão patrimonial do município; e os bens "tutelados" ficaram sujeitos a restrições de ambiência, como seguir as características e o gabarito dos prédios vizinhos que estivessem tombados ou preservados.

Mas os efeitos da decretação do Projeto Sagas não se limitaram à alteração da legislação patrimonial vigente na região, pois, ao classificar bens e logradouros como "históricos" e "culturais", essa área de proteção demarcou as fronteiras de uma nova modalidade de intervenção para a Zona Portuária, indicando quais espaços eram inalienáveis e quais, em contrapartida, poderiam ser transformados ou vendidos. Assim, durante a gestão do prefeito Cesar Maia (1993-1997), suas classificações espaciais foram utilizadas para segmentar as ações de reurbanização dessa zona.

Nesse período, os três idealizadores do Plano Porto do Rio intensificaram suas atuações na cidade: Sirkis se tornou o secretário municipal de Meio Ambiente; Augusto Ivan assumiu a Subprefeitura do Centro; e Nina, a direção da I Região Administrativa, que abarcava os bairros portuários.

Segundo Nina, durante a sua direção foram elaboradas três linhas de intervenção para a região. Nos morros da Conceição, da Saúde, do Livramento e do Pinto, espaços classificados pelo Projeto Sagas como de alto valor histórico, paisagístico e cultural, foram incentivados o turismo e a atração residencial da classe média. Em suas áreas circundantes foram implantados diversos mecanismos de disciplinamento de usos, tais como retirada de moradias construídas sob viadutos, criação ou reforma de praças e largos para que se tornassem pontos de referência urbana,[16] restrição espacial de vendedores ambulantes etc. Foram realizadas ainda ações para a recuperação física das casas de arquitetura colonial, divididas em medidas de identificação de "vazios" e imóveis "arruinados", para que fossem criadas unidades residenciais, como no caso dos projetos Habitacional da Saúde[17] e Reabilitação de Cortiços.[18]

---

[16] No Morro da Conceição, por exemplo, o largo da Prainha, localizado na rua Sacadura Cabral, foi reformado pela Prefeitura em 1993. Antes da reforma o largo era utilizado como estacionamento de carros. Depois, foi criado um calçamento para separá-lo da via de tráfego e foram instalados postes de iluminação, árvores, bancos de madeira e um grande jarrão em ferro como adorno central. Houve ainda a preocupação com sua ambiência, com a pintura de todas as fachadas do casario frontal (Rabha, 1994).

[17] O Projeto Habitacional da Saúde foi desenvolvido entre 1996 e 2001 pela Secretaria Municipal de Habitação em parceria com a Caixa Econômica Federal. Por meio dele, foram criadas 150 unidades habitacionais com 54 m² em média e dois quartos. A maior parte dessas unidades foi ocupada por funcionários públicos com renda familiar em torno de 10 salários mínimos (Barandier, 2006).

[18] Entre 1996 e 1998, a Secretaria Municipal de Habitação adquiriu alguns imóveis para a realização de contratos de ocupação, dentro do projeto Reabilitação de Cortiços. Os alvos eram imóveis que poderiam ser usados como habitação coletiva, com cômodos residenciais que variavam entre 11 e 20 m² e banheiros e cozinhas de uso coletivo. A continuação do projeto recebeu o apoio da Caixa Econômica Federal, que em 2000 criou o programa de Reabilitação de Sítios Históricos para incentivar a reinserção do uso habitacional nos centros históricos brasileiros, estabelecendo como público-alvo famílias que possuíssem renda familiar superior a três salários mínimos. Em 1997 foi ainda idealizado, mas não implementado, o Projeto Enseada da Gamboa, uma parceria da Prefeitura

Já o Morro da Providência, embora tenha sido incluído na área tutelada da Gamboa, não teve bens individualmente preservados como os demais morros, bem como nenhum espaço ou bem do bairro portuário do Caju foi patrimonializado. Para esses espaços, foram idealizadas transformações urbanísticas, como o programa Favela-Bairro,[19] imediatamente implantado no Caju e com extensão prevista ao Morro da Providência, considerado mais difícil de sofrer intervenção por ser extenso e populoso. Também foram totalmente excluídos da medida preservacionista os 3,5 quilômetros da orla da baía de Guanabara, onde estavam instalados os galpões, armazéns e ramais ferroviários parcialmente desativados. Neles, foi implantada a terceira linha de intervenção: a exploração imobiliária de seus amplos terrenos.[20]

---

com o empresariado da construção civil e que contava também com linhas de crédito da Caixa Econômica Federal. Planejado para ocupar um terreno de 160 mil m² da Rede Ferroviária Federal, sua proposta era criar 2.500 unidades habitacionais, distribuídas em edificações de uso misto. Esse terreno, no entanto, acabou por abrigar a Vila Olímpica da Gamboa e a Cidade do Samba (Barandier, 2006).

[19] Segundo a Prefeitura, o programa Favela-Bairro foi iniciado em 1994 com a coordenação da Secretaria Municipal de Habitação e o financiamento do Banco Interamericano de Desenvolvimento (BID). Seu objetivo era "integrar a favela à cidade", através da implantação de infraestrutura urbana, serviços, equipamentos públicos e políticas sociais nas localidades selecionadas. Informações disponíveis em: <http://www0.rio.rj.gov.br/habitacao/favela_bairro.htm>.

[20] No entanto, os projetos da Prefeitura, como a Cidade Oceânica — Centro Internacional da Água e do Mar, idealizado em 1994, encontraram a insuficiência da reserva patrimonial necessária para a criação de um fundo imobiliário. Para tentar supri-la, o governo negociou com os ministérios da Agricultura e da Fazenda, propondo que os imóveis federais da região fossem transferidos para o domínio municipal. Foi também oferecida à iniciativa privada a possibilidade de exploração dos equipamentos e espaços urbanos por ela financiados. E, em 1995, a Prefeitura criou o Plano Estratégico do Rio de Janeiro para viabilizar

Na percepção de Nina, tais medidas patrimoniais e urbanísticas seriam necessárias devido ao processo de "abandono" e "decadência" do "núcleo histórico" da cidade, composto pelos bairros portuários e centrais. Esse processo teria sido decorrente da progressiva expansão da malha urbana carioca, que distanciou os novos bairros de classe média e alta e atraiu as famílias em ascensão social. Segundo a arquiteta, como consequência, houve a falta de conservação física dos imóveis dos bairros portuários e centrais, seus usos como moradia coletiva e o estabelecimento de uma população residente obrigada a conviver, ou mesmo a conformar, o "submundo" de uma "zona perigosa".

O corolário dessas intervenções na região foi a idealização do Plano Porto do Rio pelo Instituto Pereira Passos. Criado em 1998, o instituto recebeu o nome em homenagem ao engenheiro civil e prefeito da cidade que construiu o "porto moderno" e realizou diversas obras nos bairros portuários e centrais entre os anos de 1903 e 1906. Sua reforma urbanística foi autointitulada "modernizadora", "embelezadora" e "saneadora" e teve forte influência do plano de urbanização implantado pelo prefeito parisiense conhecido como Barão Haussmann, entre 1853 e 1870.[21] Para alcançar tal modelo de urbanidade, no entanto, a reforma de Pereira

---

parcerias com a iniciativa privada e se aliou à Associação Comercial do Rio de Janeiro, à Federação das Indústrias do Rio de Janeiro e à autarquia federal Companhia Docas. Mas as medidas de cooperação iniciadas com a Docas, que possuía o direito de estabelecer contratos de arrendamento para a exploração de 500 mil m² de instalações portuárias, foram interrompidas pelas divergências entre suas concepções urbanísticas, fazendo com que cada instituição elaborasse seus próprios projetos e tentasse agregar em torno deles os investidores privados (Compans, 1998).
[21] Sobre as influências de Haussmann na reforma de Pereira Passos, ver Benchimol (1990).

Passos demoliu inúmeros cortiços e vacinou compulsoriamente a população, sendo apontada por diversos autores como desejosa de higienizar física e moralmente espaços e habitantes (Abreu, 2006; Lamarão, 1991; Carvalho, 2001; Sevcenko, 2010; Challoub, 1996).

Por meio de metáforas e metonímias visuais e verbais, o imaginário movimentado no material de divulgação do Plano Porto do Rio (PCRJ, 2001) condensou as experiências e concepções urbanísticas de seus idealizadores e aludiu a um modelo de progresso e civilidade que presentificava a reforma de Pereira Passos. Voltado a um público de potenciais investidores, nele foi articulada uma retórica que classificava os espaços portuários a partir de categorias como "vazio", "degradado" e "abandonado".

A primeira imagem desse material era a fotografia panorâmica da orla de Puerto Madero, área portuária argentina onde no final da década de 1980 foi realizada uma reurbanização considerada exemplar pela Prefeitura carioca. No texto que acompanha a imagem, foi operado um regime de historicidade calcado na valorização do futuro, utilizando noções como "antigo", "ocioso", "obsoleto", "abandonado" e "velho" para qualificar o tempo presente da Zona Portuária carioca; e "criativo", "reestruturado", "reciclado", "renovado" e "moderno" para designar os projetos de transformação.

> Poucas áreas da cidade do Rio de Janeiro desafiam tanto os urbanistas, arquitetos e cidadãos mais interessados quanto aquela onde se localiza o seu antigo porto.
> Os espaços generosos e amplos, as possibilidades de abertura de novos ângulos de visibilidade para a baía de Guanabara, a aparente ociosidade e a obsolescência da paisagem construída vêm se oferecendo ao longo dos anos

como um terreno fértil para a imaginação e para os projetos criativos. O resultado tem sido o surgimento de uma grande variedade de propostas de reestruturação da área e de reciclagem arquitetônica e funcional de seus muitos galpões. Por outro lado, a utilização atual desses prédios, com pouco ou nenhum diálogo com o espaço público e o continuum de fachadas com as aberturas vedadas por muros e portões que impedem a fruição das águas da baía naquele trecho, colaboram para aumentar a impressão de abandono e cristalizar a imagem de imobilismo.

No geral, estas são as razões que estimulam as reflexões mais recorrentes sobre a reutilização dos espaços e deságuam no decantado discurso de renovação da área portuária do Rio de Janeiro. Um discurso, aliás, que caminha na mesma linha daqueles de tantas outras cidades portuárias do mundo: a utilização dos velhos portos marítimos ou fluviais para a construção de novos polos de atração, a melhoria e a modernização das operações de transporte hidroviário de cargas, em permanente processo de expansão (PCRJ, 2001:6).

Dois projetos idealizados para os bairros portuários cariocas na década de 1980 foram em seguida confrontados. Uma ilustração da capa da *Revista da Associação Comercial do Rio de Janeiro* apresentava a proposta de instalação de um "teleporto" que ocuparia a retroárea portuária com vias públicas amplas e edificações verticalizadas. Segundo os planejadores do Plano Porto do Rio, essa proposta descaracterizaria as formas edificadas "carregadas de tradição e passado" e teria como principal meta a ampliação do valor imobiliário da região. Como contraponto à proposta, citavam então a preservação dos bairros portuários pelo Projeto Sagas e sua contribuição na manutenção das "formas edificadas originais, decadentes mas conservadas".

No entanto, não foi assim que, aqui, o sonho começou. No final dos anos 70, a renovação da orla portuária era vista através da ótica da ampliação de seu valor imobiliário. O projeto então proposto era orientado à abertura de novas frentes de expansão de negócios, privilegiando o papel da cidade como sede de um teleporto, descrito à época como "um complexo portuário com avançada tecnologia de telecomunicações com transmissões de informações por satélite, ligando a cidade ao mundo e permitindo maior eficiência e rapidez no comércio exterior" (*Revista da Associação Comercial*, n. 1.215, novembro de 1985).

As ideias arrojadas de futuro incluíam pela primeira vez o monotrilho, calçadas rolantes, parques e até um sistema particular de fornecimento de energia. A elas se contrapôs um forte movimento da população residente nos bairros da Saúde, Gamboa e Santo Cristo que levou, após uma quinzena de debates e vários estudos, à aprovação de atos legais voltados para a preservação dos bairros, em seus trechos residenciais e de fronteira imediata à orla portuária, que ficaram conhecidos como Projeto Sagas. No entanto, outras reivindicações da população local para melhoria das condições dos serviços e qualidade de vida nos bairros não foram atendidas.

O tempo passou, esfriando os possíveis projetos de renovação. Reorientados para outros bairros, os investimentos públicos não vieram e a área, bastante desgastada, foi envelhecendo. De positivo, paradoxalmente, restou a inércia, que tem ajudado a preservar suas formas edificadas originais, decadentes mas conservadas, imponentes no estilo e desafiadoras para a concepção projetual (PCRJ, 2001:7).

O material, no entanto, não apresentava informações adicionais sobre o Projeto Sagas. O projeto era citado apenas para que fosse afirmado, logo depois, o suposto "isolamento" urbano da região. Com o auxílio de uma fotografia de satélite e de mapas da Zona Portuária, foram então graficamente destacadas a retroárea portuária e as áreas ocupadas pelos morros, identificando estas últimas como o "traçado original" da cidade, com a adição dos traçados das avenidas Presidente Vargas, Barão de Tefé, Francisco Bicalho e 31 de Março e do túnel João Ricardo, construídos ao longo do século XX. Comentando essas imagens, o texto postulava que dois fatores haviam causado o isolamento da região: o "natural", atribuído à morfologia do litoral, composta por uma cadeia de colinas que produzia barreira geográfica em relação à área central da cidade; e o "construído", identificado como os ramais ferroviários e metroviários e os espaços operacionais portuários instalados na área aterrada da baía de Guanabara.

Dados socioeconômicos apresentaram depois a situação fundiária dos bairros portuários, cujas áreas aterradas haviam sido atreladas ao controle legal da Marinha por serem consideradas um acréscimo sob o espaço marítimo. O texto então afirmava que o presente "abandonado" e "esvaziado" da Zona Portuária era de responsabilidade do governo federal, detentor de grandes terrenos desativados e de prédios desocupados após a transferência da capital do país do Rio de Janeiro para Brasília na década de 1960.

Na introdução das propostas de intervenção, foi exposta uma fotografia da baía de Guanabara, do Centro da cidade e do Mosteiro de São Bento — a única imagem de todo o material capturada da perspectiva de um pedestre. Sua legenda indicava se tratar da frente marítima do píer Mauá vista em "ângulo inusitado", já que o espaço era de circulação restrita.[22] O texto valorizava, assim, mais uma vez, o tempo futuro, ao mostrar como poderia ser fruída esteticamente a paisagem da Zona Portuária depois de implantadas as transformações urbanísticas. Os objetivos, diretrizes e metas do Plano Porto do Rio foram então apresentados a partir de três eixos: estrutura urbana, sistema de circulação e legislação urbana. Como os grandes empreendimentos pretendiam ocupar a orla da baía de Guanabara, os projetos foram referenciados espacialmente nos 18 armazéns nela localizados. A proposta de transportes buscou facilitar a conexão interna entre os bairros portuários e sua ligação com o Centro e a Zona Sul, regiões economicamente mais valorizadas da cidade. Todo o sistema idealizado postulava a "renovação" e "integração" em oposição ao "isolamento" da região, em discurso que portava tanto a ideia temporal de futuro quanto espacial de circuito. A apresentação das pro-

---

[22] Entre os projetos elaborados pela Prefeitura para a "revitalização" da Zona Portuária, um dos que obteve maior repercussão social foi o de construção, no píer Mauá, da primeira filial latino-americana do Museu Guggenheim, instituição nova-iorquina que ganhara prestígio internacional como dinamizadora turística e econômica das cidades de Bilbao, Berlim e Veneza. A cobertura jornalística da construção do museu começou em novembro de 2000 e envolveu os jornais *O Estado de S. Paulo*, *Folha de S. Paulo*, *O Globo*, *Jornal do Brasil* e *Los Angeles Times*; as agências de notícias Reuters, BBC Brasil e Estado; as revistas *Veja* e *Ciência e Cultura*; e os sites da Prefeitura do Rio de Janeiro e do Instituto de Arquitetos Brasileiros, entre outros. Em 2002, a Prefeitura anunciou a finalização do projeto, mas ele foi contestado por alguns vereadores, que instituíram uma Comissão Parlamentar de Inquérito para investigar o contrato firmado com a instituição nova-iorquina. O projeto recebeu também diversas críticas devido a seus princípios construtivos, sendo a mais recorrente a de seu "caráter de shopping center", por prever a instalação de centros comerciais, convenções e estacionamentos. Em fevereiro de 2005, a construção do museu foi completamente inviabilizada jurídica, social e politicamente.

postas se encerrou com uma sequência de fotos e mapas que visavam comprovar o "vazio" e o "abandono" da Zona Portuária e a necessidade de alteração da legislação urbana.

Na classificação dos locais "públicos", "históricos" e "desativados" que deveriam ser "criados", "preservados" ou "renovados", no entanto, foram excluídos do material de divulgação do Plano Porto do Rio todos os imóveis residenciais e comerciais. Essa ausência foi discursivamente reforçada pelas imagens que ofereciam apenas um olhar distanciado da Zona Portuária: mapas, vistas aéreas e fotos panorâmicas e de satélite. Ou seja, pela não inclusão de um ponto de vista aproximado que singularizasse espaços e habitantes e abarcasse suas práticas cotidianas.

Os efeitos da criação de um sítio "histórico" no Morro da Conceição

Para os morros patrimonializados pelo Projeto Sagas, no entanto, os planejadores urbanos municipais movimentaram um sistema classificatório distinto do operado para a retroárea portuária: visando ao desenvolvimento de projetos turísticos e habitacionais, nesse sistema eram avaliadas a "autenticidade" de habitantes e as formas de habitar. Entre 1998 e 2000, a Prefeitura realizou no Morro da Conceição o Programa de Recuperação Orientada (ProRio),[23]conjunto de estudos e ações patrimoniais, arquitetônicos e urbanísticos cujas propostas e resultados foram difundidos pelo livro *Morro*

---

[23] O ProRio contou com "consultores", "técnicos" e "especialistas" em patrimônio e reabilitação disponibilizados pelos ministérios do Equipamento, da Cultura e das Relações Exteriores franceses.

da Conceição: da memória o futuro.[24] O programa objetivava criar diretrizes de gestão do espaço construído e da paisagem para que fossem valorizados "setores da cidade em processo de degradação que tenham especificidades destacáveis" (Sigaud e Pinho, 2000:13). Mas, segundo Nina Rabha, havia ainda entre os idealizadores do ProRio outra motivação para a intervenção, que era a percepção da existência de inúmeras semelhanças entre o morro e o bairro lisboeta de Alfama.

Era muito igual, tanto a arquitetura parecida quanto o conteúdo social original. É da mesma área dos ocupantes de Alfama e isso não sou eu que digo, é o diretor de Reabilitação Urbana de Lisboa, o Felipe Lopes. Eu conheci o Felipe em um seminário em Santos, fiquei louca com o que ele mostrou em Alfama, achei que tinha tudo a ver com o Morro da Conceição. Fui a Alfama, fotografei ladeira, casa, pórtico, os miradouros, que é como eles chamam aqueles larguinhos lá em Portugal, no morro, para a população mais velha tomar sol, criança brincar e tal. E voltei e fiz ângulos iguaizinhos no Morro da Conceição. Então era um conjunto de slides que mostrava um lugar em Alfama e as semelhanças e ausências de tratamento, que tipicamente é só uma ausência de tratamento, seja do espaço público, seja do espaço privado. As casas aqui estão decadentes, as casas lá estão todas conservadas. A ladeira aqui não tem nem corrimão e lá tem aquele corrimão bonito, de designer e tal, tudo pavimen-

---

[24] O livro foi escrito por Márcia Frota Sigaud e Claudia Maria Madureira Pinho, e baseado nos estudos da então diretora do Instituto Pereira Passos, Ana Luiza Petrik Magalhães, e da gerente de Urbanismo, Nina Rabha. Sua elaborada produção editorial incluiu encadernação de capa dura, impressão colorida, papel couché, diversas ilustrações, fotografias, mapas, desenhos e transparências.

tado, não tem água escorrendo pela pedra, não tem esgoto clandestino. Então era um trabalho que visava entrar no morro e dotar a área inteira de qualificação (Nina Rabha, entrevista concedida em 2008).

A comparação do morro com Alfama ressaltava, assim, suas supostas "ausências", não suas características e contextos sociais concretos. Mas, entre as afirmações de que faltavam conservação dos imóveis, equipamentos como corrimão, boa pavimentação e rede de abastecimento e esgoto, Nina Rabha identificou também algumas "semelhanças": a arquitetura e o conteúdo social "original". Ou seja, em sua narrativa, a fonte simbólica para a construção do sítio histórico do morro não estava calcada no presente, mas na idealização de um passado português comum entre as duas localidades. Da mesma forma, no livro de divulgação do ProRio, o passado do casario, dos logradouros e da população do Morro da Conceição foi caracterizado pela presença de moradores provenientes de Lisboa e de construções como igrejas, fortificações, armazéns, mercado de escravos, pequenos aterros e trapiches.

Na narrativa construída pelos planejadores, somente após a expansão urbana, no final do século XIX, outros grupos sociais teriam contribuído com suas heranças culturais para a formação da Zona Portuária, como os escravos recém-libertos, os imigrantes europeus e a classe trabalhadora em geral. E essa narrativa do passado mítico da região foi finalizada com as obras de urbanização realizadas pelo prefeito Pereira Passos no início do século XX, evento que os planejadores consideravam um demarcador temporal. Os planejadores então postularam ter havido uma diferença nas formas de ocupação de seus espaços: a área aterrada da orla da baía da Guanabara teria se transformado continuamente depois da construção do "porto moderno", com seus galpões, armazéns, fábricas e ramais ferroviários, configurando um espaço funcional voltado para as atividades portuárias, industriais e comerciais; e os morros teriam se configurado como espaços "cristalizados" fisicamente e "focos de resistência residencial". Assim, foi sugerido um movimento de oposição entre tais espaços: no transcorrer de todo o século XX, a área aterrada teria se mantido em constante mudança e os morros em constante permanência.

Porém, se as informações fornecidas pelo livro sobre as áreas aterradas e os morros pararam nessa virada de século, determinados eventos ligados aos projetos urbanísticos e patrimoniais subsequentes à reforma Pereira Passos foram detalhados, como as classificações da região e do morro instituídas pelos planos Agache (1930), Doxiadis (1965), Urbanístico Básico da Cidade do Rio de Janeiro (1977) e Diretor (1992). Especificamente sobre o morro, foram citados ainda os tombamentos individuais realizados pelo Iphan em 1938, como os da Fortaleza da Conceição, da Igreja de São Francisco da Prainha, do Palácio Episcopal e do Jardim Suspenso do Valongo, bem como assinalados os tombamentos da Pedra do Sal pelo governo estadual em 1987 e de um cortiço e um sobrado pelo municipal em 1988.

Ou seja, junto com a idealização do passado português e a não abordagem das dinâmicas sociais e culturais locais, os planos urbanísticos e patrimoniais implantados na Zona Portuária no último século foram postos como centrais nessa narrativa. Sugeria-se, assim, que apenas os eventos ligados à atuação dos próprios planejadores na região e no morro possuíssem historicidade. No entanto, mesmo nessa narrativa, que enfatizava as noções de tempo, espaço e urbanidade dos planejadores municipais, não foi apresentada uma reflexão sobre como as diferentes intervenções governamentais dialogavam entre si e quais efeitos sociais provocaram sobre os espaços portuários e seus habitantes.

A área aterrada do porto, por exemplo, além de possuir aspectos funcionais e econômicos, tinha produzido vínculos afetivos e sociais, como os dos movimentos sindicais e empresariais. A progressiva transferência das atividades portuárias tinha resultado ainda no uso de diversos galpões desativados por escolas de samba. E os terrenos e edifícios públicos desocupados ao longo dos anos também foram informalmente utilizados por grupos familiares e vendedores ambulantes de atuação local.[25]

Da mesma forma, as diferentes e sucessivas políticas urbanísticas e patrimoniais produziram relações dialéticas entre as áreas elevadas, planas e aterradas da região. No Morro da Conceição, observei alguns desdobramentos sociais causados pelo incentivo às atividades portuárias, como a divisão de seus sobrados em casas de cômodos para abrigar operários e funcionários da Marinha e a presença de migrantes brasileiros e estrangeiros que desejavam trabalhar no Centro da cidade ou no porto. Constatei ainda a concentração dos usos residenciais em suas partes médias e elevadas e dos usos comerciais em sua base, divisões também impostas por planos urbanísticos. No que se refere à produção das memórias do morro, as primeiras políticas patrimoniais haviam difundido durante anos o imaginário que associava seus espaços exclusivamente a um passado português, católico, militar,

---

[25] Além das observações realizadas no trabalho de campo, encontrei, em levantamento bibliográfico, narrativas de seus habitantes sobre o cotidiano de trabalho, moradia e recreação (Thiesen, Barros e Santana, 2005).

urbanístico e arquitetônico.[26] Posteriormente, sua classificação como "área de preservação ambiental e paisagística" e consequente tutela patrimonial também haviam garantido, ao menos em parte, a dita "cristalização" física de seus sobrados e logradouros, viabilizando e legitimando a proposta de realização do ProRio.

Porém, como indicava o título do livro *Morro da Conceição: da memória o futuro*, as narrativas dos planejadores não estavam exatamente interessadas em produzir uma reflexão sobre os diferentes aspectos do passado do morro. A principal preocupação do programa era o estabelecimento, no tempo presente, de conexões entre esse passado imaginado e o que seria de seu futuro. Assim, logo após a seleção dos eventos tidos como históricos, os planejadores apresentaram as pesquisas arquitetônica, socioeconômica, fundiária, arqueológica e de organização comunitária desenvolvidas no âmbito do ProRio, que identificaram os aspectos construtivos do espaço e as características de seus habitantes.

---

[26] Vale ressaltar que a valorização de tais memórias fez parte de um contexto nacional mais amplo, em que as políticas patrimoniais do Iphan desempenharam uma função específica. Como aponta Gonçalves (1996), no período de fundação do Iphan, em 1937, o Estado buscou fortalecer a ideia de nação como social e culturalmente coesa. Seus investimentos voltaram-se então para a homogeneização do sistema educativo e a criação de símbolos totalizantes, com as práticas de patrimonialização incentivando o sentimento de unidade patriótica e a recusa do que era entendido como particularismos regionais. Essa concepção fundadora de patrimônio nacional foi encampada pelo primeiro diretor do Iphan, Rodrigo Melo Franco de Andrade, e se tornou dominante no instituto até o final da década de 1960. Nesse período, as políticas de preservação focalizaram o chamado "patrimônio de pedra e cal", e os tombamentos de bens edificados valorizaram os aspectos considerados "singulares" e "tradicionais" da nação: igrejas católicas, edificações militares e prédios de órgãos públicos.

Nos dados fornecidos, os planejadores apontaram que havia no morro cerca de 2 mil habitantes e que 48% dos domicílios eram ocupados por inquilinos, 27,4% por proprietários e os domicílios restantes estavam "fechados", "vagos" ou "vagos em reforma". A pesquisa fundiária identificou ainda que os imóveis pertenciam a particulares e a instituições religiosas e governamentais,[27] mas que havia sido mais difícil delimitar os tamanhos dos lotes entre os proprietários particulares, em razão da constante indefinição entre área "pública" e "privada".

No entanto, o que para os planejadores era uma indefinição, para muitos dos habitantes do morro era apenas outra forma de conceber seus espaços, onde a oposição público e privado não era tão significativa, ou se encontrava fundida a outras lógicas de classificação. Na observação dos usos das partes médias e elevadas do morro, por exemplo, percebi serem correntes os conflitos e constrangimentos provocados pela circulação de "pessoas de fora" em alguns logradouros, que, embora classificados pela Prefeitura como vias públicas, eram utilizados como extensões das moradias para atividades recreativas ou domésticas. Essa característica dos usos era produzida e reforçada ainda por seus aspectos físicos e construtivos, já que nessas partes do morro eram pouco nítidas as separações entre as fachadas dos sobrados, as estreitas calçadas e o pequeno espaço de tráfego dos carros, fazendo

---

[27] Entre as instituições religiosas, a que possuía o maior número de propriedades era a católica Venerável Ordem Terceira de São Francisco da Penitência. Entre as instituições governamentais, a com maior propriedade no morro era a União Federal, com os extensos territórios do Observatório do Valongo da UFRJ, da Fortaleza da Conceição e do antigo Palácio Episcopal.

com que moradores, pedestres e os poucos motoristas se observassem cotidianamente.

A pesquisa de prospecção arqueológica foi a única que não se ateve apenas ao estudo e planejamento, resultando em uma intervenção direta dos planejadores do ProRio na materialidade do morro. O Jardim Suspenso do Valongo, onde percebiam haver um "abandono" físico e social causado por soterramento de entulho e lixo, invasão de vegetação, danificação por "vandalismo" e frequência de "mendigos e desocupados", foi eleito por eles como espaço de atuação. Após a intervenção, o jardim foi considerado retornado ao seu estado "original". No entanto, esse termo dizia respeito unicamente a uma concepção dos planejadores urbanos, excluindo outras percepções sobre o mesmo espaço. Isso porque o jardim fora uma das construções "embelezadoras" da gestão de Pereira Passos, podendo ser considerado importante foco simbólico do governo municipal na região, mas também remetia às narrativas de passado de uma parte dos habitantes do morro, que o considerava significativo por ter abrigado o antigo comércio de escravos africanos.

Porém, naquele momento de concepção das ações do ProRio, a ausência dessa memória não foi uma falta de conhecimento dos planejadores sobre o passado escravista do Valongo, e sim a materialização de um processo seletivo de memórias, pois, ao apresentar no livro suas proposições de ordenamento, construíram narrativamente um contraponto à ocupação considerada positiva dos espaços do morro por instituições religiosas, militares e governamentais: afirmaram que, apesar da instalação de "instituições prestigiadas", o morro teria sido obrigado a conviver com "equipamentos indesejados" como o mercado de escravos e as atividades de exploração de pedreiras, comerciais, portuárias e ligadas aos estaleiros, fundições, serralherias e ferrarias. E tais atividades teriam atraído uma população, e suas formas de habitar também foram percebidas como inadequadas: operários fabris e trabalhadores portuários que se abrigavam em "casas de cômodo" e "cortiços".

Assim, foi com um sistema valorativo específico que os planejadores construíram suas noções de autenticidade, evocando a ideia de que determinados espaços e habitantes portariam uma ligação supostamente verdadeira e genuína com o morro, em detrimento de outros "conjunturais". Ou seja, postularam haver uma autenticidade imanente ao próprio Morro da Conceição, condensada em determinadas narrativas de passado, formas construtivas e identidades. E, partindo dessa idealização, identificaram o que e quem deveria ser preservado, em contraste com o que e quem deveria ser modificado ou disciplinado.

Os planejadores denominaram então de "áreas sem uso ou de uso precário" os espaços que seriam o foco prioritário de atuação dos projetos de reurbanização. Também identificaram as "áreas utilizadas para lazer", os "pontos de visadas panorâmicas", os "elementos da paisagem natural" e os "perfis das vias" com a intenção de definir novos parâmetros urbanísticos. Com essas classificações, buscaram ordenar as noções de público e privado e produzir formas construtivas consideradas atraentes para a habitação de famílias de classe média e para a visitação turística. Mas essas classificações não correspondiam a tantas outras movimentadas por seus habitantes. Muitos dos espaços entendidos pelos planejadores como "arruinados", "precários", "sem uso", "invadidos" ou "insalubres", por exemplo, eram considerados por parte dos moradores experiências habitacionais positivas de famílias ligadas ao porto e ao comércio pequeno ou informal. Os mesmos sobrados podiam ser narrados de forma ainda mais negativa por outros habitantes, que os denominavam "cabeças de porco", "terrenos baldios", pontos de prostituição e drogas e abrigos de mendigos.

A partir da produção desse sistema valorativo, os planejadores relacionaram o estado de conservação física dos imóveis e o perfil socioeconômico de seus habitantes e defenderam o monitoramento da atuação do mercado imobiliário após a implantação do ProRio, para que fosse garantida a manutenção de seus "ocupantes originais", identificados na pesquisa sobre a "organização comunitária" como formada por cinco "segmentos das dinâmicas socioespaciais". O primeiro segmento ocuparia o "eixo cume morro" e seria composto predominantemente por proprietários de imóveis, "moradores antigos, muitos descendentes de portugueses e espanhóis" que possuiriam uma "relação afetiva intensa" com o espaço. O segundo segmento ocuparia o "flanco norte" do morro e seria composto por locatários, "moradores recentes, migrantes nordestinos em sua grande maioria", com "uma relação meramente conjuntural" com o espaço. E o terceiro segmento, o "sopé comercial", seria composto por "comerciantes instalados na base do morro", sem necessidade "de transitar por seu interior, de frequentar seus espaços, nem de compartilhar das mesmas expectativas" dos moradores do morro. Nas palavras dos próprios planejadores:

> A população estimada do morro é de 2 mil habitantes. Aí estão incluídos os moradores antigos, muitos descendentes de portugueses e espanhóis, que tradicionalmente estiveram ligados às atividades portuárias e cuja relação afetiva com a área é intensa, traduzindo-se numa forte identidade socioespacial.

No entanto, a área vem sofrendo marcante processo de degradação, física e social, dada a proximidade com a Zona Portuária e todas as implicações que ela acarreta. Com isso, a população original vem sendo substituída por migrantes de outros estados do país. Aqueles que têm condições e desprendimento para abandonar a área o fazem.

Os moradores recentes, migrantes nordestinos em sua grande maioria (35% segundo pesquisa socioeconômica), têm uma relação com o morro meramente conjuntural. Eles se instalam aí por sua proximidade com o mercado de trabalho, pelos baixos preços do mercado imobiliário e pelo conforto proporcionado pela disponibilidade da infraestrutura urbana.

Há ainda a categoria dos comerciantes, que estão principalmente instalados na base do morro, cujos trajetos não implicam a necessidade de transitar por seu interior, de frequentar seus espaços, nem de compartilhar das mesmas expectativas. Esta categoria está muito mais voltada para as relações com a cidade do que com o próprio morro. Essas são basicamente as três grandes categorias sociais identificadas no morro.

Os moradores antigos, geralmente ocupando as residências no cume do morro, são os próprios proprietários e não têm grande afinidade com os moradores mais recentes, estes estabelecidos, sobretudo, na vertente norte do morro e, em grande parte, locatários.

Grande parte da tensão social existente no morro, portanto, gira em torno dessas duas categorias, de suas aspirações, suas identidades, de seus valores, que acabam por gerar uma certa relação de hostilidade entre ambas as partes.

Apesar dessa fragmentação visível nas relações de vizinhança, existe um tecido social pronto para interagir toda vez que o equilíbrio interno dessas relações for ameaçado. Como em todo o projeto, este também introduz elementos novos que geram um certo desconforto nas relações internas e demandam tempo para se acomodar (Sigaud e Pinho, 2000:58).

A classificação dos planejadores sobre a "comunidade" do morro propôs, portanto, uma gradação entre os que eram "tradicionais" e os "conjunturais", pautada principalmente pelo tempo de moradia, relação econômica com o imóvel, local de origem e tipo de uso do espaço, a partir dos dualismos "morador antigo" *versus* "morador recente", "proprietário" *versus* "locatário", "português e espanhol" *versus* "nordestino" e "morador" *versus* "comerciante". E, formalmente, estruturou seus espaços como dualismos concêntricos hierarquizados entre si (Lévi-Strauss, 2008), com a oposição "centro" *versus* "periferia" produzindo uma gradação entre as regiões consideradas mais e menos "comunitárias" e "regulares" a partir de oposições espaciais e sociais específicas, tais como localização vertical "alto" *versus* "baixo"; localização horizontal "área central" *versus* "área portuária"; uso "privado" *versus* "público"; função "residencial" *versus* "comercial"; e estado físico "recuperado" *versus* "decadente".

Assim, para esses planejadores, quanto mais alto se localizava um espaço do morro e se acentuava seu caráter privado e residencial, mais ele era percebido como central do sítio histórico. Inversamente, quanto mais um espaço estava localizado próximo à sua base e possibilitava diversas conexões com outros espaços da cidade, acentuando-se seu caráter público e comercial, mais ele era entendido como área periférica. Cumulativamente, haviam sido ainda entendidos como mais centrais os espaços voltados para a área do Centro da cidade, por serem "recuperados", e como mais periféricos aqueles voltados para a Zona Portuária, por serem "decadentes". Como espaços públicos, foram classificados as vias, os largos e as praças, e, como "privados", as residências e instituições, causando incômodo a indefinição de algumas vias do morro, que, para muitos dos habitantes, eram vivenciadas como de circulação restrita, onde a presença de qualquer pessoa entendida como "de fora" provocava desconfiança.

No entanto, embora os planejadores urbanos da Prefeitura possuíssem uma forma própria de delimitar e identificar o morro e seus habitantes, no cotidiano das práticas e experiências desses habitantes os espaços eram estruturados a partir de diferentes lógicas, que em algumas classificações podiam se assemelhar à dos planejadores; em outras, suspendê-las, invertê-las ou anulá-las, pois havia uma ampla possibilidade de classificações que essa segmentação do ProRio não contemplava.

No cotidiano, um mesmo habitante do morro podia ter sua identidade definida de acordo com seu local de moradia, afinidade religiosa, atuação profissional, frequência em determinado bar, estado civil, time de futebol etc. A importância de tais demarcadores identitários oscilava entre seus diferentes contextos de interação e deslocamentos, estivesse o habitante em uma praça brincando com a filha, realizando uma visita guiada com turistas pelas ruas do morro, assistindo a um jogo de futebol no bar, negociando o aluguel com o proprietário do imóvel ou frequentando as missas da capela. Igualmente, as noções de centro e periferia variavam de acordo com cada habitante e seus usos e percursos entre os espaços do morro.

Além de essas classificações fornecerem uma falsa percepção de estabilidade e rigidez identitária e espacial, chamava também a atenção que os habitantes do "flanco sudeste", setor onde estava localizado o Jardim Suspenso do Valongo e a ladeira Pedro Antônio, não tivessem sido por eles descritos ou citados. No entanto, foram esses os espaços eleitos como de grande potencial para as operações de reabilitação, por terem a maior quantidade de imóveis "vazios", "vazios em reforma", "fechados", "invadidos", "insalubres" e "com risco estrutural".

E a não identificação dos habitantes na pesquisa produzia a percepção de que eles eram inexistentes.

As contraimagens da "cidade negra"

Ao vincular determinados atributos sociais, morais, estéticos e urbanísticos aos diferentes espaços e habitantes do Morro da Conceição, o ProRio buscou criar um "sítio histórico". Nesse processo, determinados bens, logradouros e modos de vida foram deslocados de seus contextos polissêmicos e exibidos como "autênticas" representações de um passado e uma forma de habitar.[28] Nesse caso, a cultura, não apenas eleita como autêntica, mas discursivamente construída como uma totalidade, foi a dos denominados "descendentes de portugueses e espanhóis". Seus imaginários, no entanto, haviam também mediado o morro e a população da cidade, legitimando a suposta necessidade de planejar,

---

[28] Como apontado por alguns pesquisadores, todo projeto turístico busca oferecer uma experiência diferente da que a pessoa vivencia em seu cotidiano, e que pode estar ancorada nas noções de passado histórico, de culturas populares, regionais e primitivas ou mesmo de culturas empresariais, métodos produtivos e de aventuras em paisagens naturais (Gonçalves, 2007; Kirshenblatt-Gimblett, 1998; MacCannel, 1976).

ordenar e disciplinar os modos de vida considerados inautênticos ou inadequados. E, como efeito imprevisto, tinham afetado a autoconsciência dos habitantes que dele ficaram excluídos, provocando a movimentação de outras memórias e identidades e de novos processos políticos, sociais e estéticos.

Assim, foi justamente entre os habitantes não contemplados na representação da "organização comunitária" proposta pelos planejadores urbanos da Prefeitura, para cujos espaços estavam sendo idealizadas as principais ações de "renovação urbana", que encontrei a noção de patrimônio sendo operada em pleitos territoriais e narrativas bem-articuladas sobre tradição e identidade. A Pequena África emergiu então como reação ao esquecimento dos espaços, patrimônios e memórias negras e do candomblé no projeto de "revitalização urbana" do Morro da Conceição e de toda a Zona Portuária. Sua narrativa, no entanto, não havia sido uma criação do contexto contemporâneo carioca: estava referenciada nas discussões travadas em todo o país durante a década de 1980, que problematizavam o centenário da abolição da escravidão e denunciavam a falta de políticas públicas voltadas para a inclusão dos "setores populares" da sociedade, especialmente dos "negros".

Durante essas discussões, foram concebidas na Constituição Federal de 1988 algumas leis que pretendiam valorizar a cultura negra e promover a distribuição de renda para tais setores percebidos como socialmente marginalizados. As práticas de preservação patrimonial, por serem consideradas socialmente eficazes na produção de símbolos coletivos, começaram a gerar imagens que perpetuavam, difundiam e expunham essa cultura e que rivalizavam com as imagens do "catolicismo", da "elite" e dos "brancos", sendo compreendidas como a elas opostas.[29] Dois emblemáticos tombamentos foram realizados nesse período pelo Iphan: em 1984, a Casa Branca do Engenho Velho em Salvador, na Bahia, se tornou o primeiro terreiro de candomblé classificado como patrimônio nacional; e, em 1985, o Conjunto Histórico e Paisagístico de Serra da Barriga, em Alagoas, foi reconhecido como núcleo de resistência escrava do Quilombo dos Palmares.[30]

Imagens de valorização da cultura negra também foram criadas na cidade do Rio de Janeiro, e o livro *Tia Ciata e a Pequena África no Rio de Janeiro*,[31] do cineasta Roberto Mou-

---

[29] Nesse período, as políticas patrimoniais também passaram por uma clivagem de suas concepções, com Aloísio Magalhães assumindo a direção do Iphan em 1979 e revendo as ações anteriores de tombamento de edificações católicas, militares e governamentais. Foi instaurada então a percepção de que os bens tombados podiam ser utilizados como instrumentos para o desenvolvimento autônomo do país, agindo contra a massificação cultural associada ao consumo de produtos industrializados estrangeiros. A partir dessa reflexão, a sociedade brasileira começou a ser representada como composta por uma grande diversidade de culturas e tradições, com a ampliação do campo de atuação patrimonial para a identificação da "cultura popular" e do "cotidiano das comunidades" (Gonçalves, 1996). Essa concepção pluralista de cultura também foi acompanhada por políticas de descentralização, com o incentivo de que esferas governamentais locais e mesmo organizações não governamentais propusessem o tombamento de bens (Fonseca, 2005).

[30] Diversas interpretações sobre as políticas patrimoniais de valorização e afirmação da cultura e memória afro-brasileira podem ser encontradas em artigos e livros, como em Velho (2007) e Garcia (2008).

[31] O livro foi publicado como resultado de um concurso de monografias realizado pela Funarte/MinC sobre personalidades ligadas à música popular brasileira. Segundo reportagem de Aramis Millarch no jornal *O Estado do Paraná* (08.04.1980), o primeiro concurso foi realizado em 1977 e teve como tema o músico Pixinguinha. Posteriormente, foram realizadas monografias sobre Waldemar Henrique, Lupicínio Rodrigues, Nelson Ferreira, Dorival Caymmi, Paulo da Portela, Silas de Oliveira, Jararaca e Ratinho, Candeia e Alcebíades Barcelos. Tia Ciata foi selecionada como tema do concurso no ano de 1980. Em sua primeira edição, em 1983, o

ra, publicado pela primeira vez em 1983, tornou-se um dos principais produtos organizadores de uma narrativa sobre a população urbana negra que, ao identificar genealogias, ancestrais sagrados e deuses, se assemelhou a uma narrativa mítica. De acordo com o autor, a intenção com o livro era evitar a perda da memória "subalterna e negra" da cidade, para que o conjunto da sociedade pudesse refletir sobre as desigualdades raciais e sociais decorrentes do passado escravista do país. A tese era de que, por causa desse passado, o preconceito racial havia se tornado um nefasto patrimônio brasileiro passado de geração a geração, se manifestando um século depois na exclusão do mercado de trabalho e do acesso aos recursos materiais das "pessoas de cor". Para apresentar essa tese, a epígrafe do livro trazia o depoimento de um homem nascido no ano da abolição:

> Jamais se aninhou em mim qualquer preconceito de raça. Cresci, e me fiz homem, amando os meus semelhantes, tratando com especial deferência e carinho os pretos, os mulatos, os mais humildes. Pensava, assim, resgatar a injustiça da escravidão a que foram submetidos. Como já disse antes, minha família foi entusiasta da Abolição. E quanto ao aspecto concreto e pessoal da questão: poderá parecer que minha resposta a este item contradiz a dada ao anterior. Mas não há tal: fui sincero, como serei ao responder o últi-

---

livro de Roberto Moura contou com 10 capítulos. Na segunda edição, lançada em 1995 pela Prefeitura do Rio de Janeiro, o autor incluiu o capítulo "Geografia musical da cidade". No livro, Moura utiliza como fontes de pesquisa contos e romances, produções acadêmicas, jornais, legislações municipais, letras de música, depoimentos de sambistas consagrados dados ao Museu da Imagem e do Som na década de 1960 e depoimentos coletados pela sua produtora de filmes na década de 1970 com os descendentes de Ciata e uma de suas antigas irmãs de santo.

mo. Falo a um sociólogo, a um fino psicólogo, e estou certo, ele me compreenderá. Não veria com agrado, confesso, o casamento de um filho ou filha, irmão ou irmã, com pessoa de cor. Há em mim forças ancestrais que justificam essa atitude. São elas, percebo, mais instintivas do que racionais, como, em geral, soem ser aquelas forças, sedimentadas, há séculos, no subconsciente de sucessivas gerações (Luiz de Toledo Piza Sobrinho em depoimento à Gilberto Freyre, *apud* Moura, 1995:15).

Na interpretação de Moura, tinha havido no Brasil uma oposição racial entre "negros" e "brancos" antes da abolição da escravidão, que, depois, havia sido justaposta a uma oposição entre três classes sociais: "populares", "oligarquia agrária" e "classes médias urbanas". Essa justaposição seria decorrente da introdução de uma ética de trabalho capitalista no país e teria ocasionado a união classista entre negros, imigrantes e nordestinos, união que o autor identificou genericamente como dos "populares".

Para destacar as particularidades dos negros nesse novo momento do país, Moura apresentou as práticas culturais dos "afrodescendentes" que moravam em Salvador décadas antes da abolição, dividindo-os por suas origens banto, iorubá e islâmica. A cada uma dessas origens, atribuiu uma característica na formação do que denominou ser uma "cultura urbana carioca": a criação dos ranchos carnavalescos seria, assim, uma herança da festividade dos bantos; o culto aos orixás, uma herança da religiosidade dos iorubás; e as revoltas urbanas, uma herança da belicosidade dos islâmicos. Como antagonistas narrativos a essa "cultura africana", o autor apontou os "brancos da elite portuguesa e da Igreja Católica", equivalendo, portanto, as práticas de ambas para definir as fronteiras identitárias dos afrodescendentes e retratá-los como uma totalidade sociocultural.

Sua narrativa sobre o passado da Pequena África se concentrou nas duas primeiras décadas do século XX, momento em que Moura afirmou ter se formado no Rio de Janeiro um modo de vida específico em torno dos frequentadores das rodas de samba da casa de Ciata e da casa de candomblé de João Alabá. Denominados de "diáspora baiana", seus integrantes faziam parte da Pequena África, mas as duas categorias não eram idênticas, já que esta era composta ainda pelos "populares" de diversas origens e religiões. Como características dessa diáspora, foram arroladas a moradia em cortiços, a participação nos sindicatos portuários e nas revoltas urbanas contra as posturas higienistas da Prefeitura, a organização de festas com ritmos percussivos e ranchos carnavalescos e a frequência das casas de candomblé.

Na síntese dramática de sua narrativa mítica, Moura propôs haver uma continuidade histórica entre os integrantes dessa diáspora baiana e aqueles que identificou como seus "herdeiros" na década de 1980, que seriam os familiares consanguíneos e de santo de Ciata. O autor enfatizou o que, em sua opinião, teria sido uma série de mudanças negativas de suas formas de sociabilidade: a troca dos ofícios tradicionais pelas atividades industriais; o esfacelamento dos vínculos religiosos e recreativos devido ao fim dos ranchos carnavalescos e à morte das "tias baianas", mulheres de grande prestígio social; as relações conflituosas com a indústria musical em desenvolvimento; as frustrações amorosas; os constantes deslocamentos habitacionais; e o aumento das restrições das práticas do candomblé nas festas populares católicas.

Além do livro de Moura, nessa década foram materializados alguns símbolos, no Centro e na Zona Portuária do

Rio de Janeiro, que remetiam à "cidade negra": em 1983, foi inaugurada a Escola Tia Ciata, que contemplava o ensino de história afro-brasileira; em 1985, o Sambódromo e o Terreirão do Samba passaram a abrigar, respectivamente, os desfiles das escolas de samba e shows percussivos durante o Carnaval, manifestações associadas à musicalidade negra; e em 1986 foram inaugurados um monumental busto de ferro em homenagem ao líder antiescravista Zumbi dos Palmares e o Centro Cultural José Bonifácio, instituição dedicada à preservação e difusão da memória negra.

No Morro da Conceição, a Pedra do Sal também se tornou emblema dessa cidade negra, ao ser tombada em 1984 como monumento afro-brasileiro pelo Instituto Estadual de Patrimônio Cultural (Inepac, E-18/300048/84). Segundo a narrativa de um dos proponentes do tombamento, o historiador Joel Rufino,[32] seu desejo e o do antropólogo Olímpio Serra, na época diretor do Iphan, era preservar na cidade não só o patrimônio "das elites", mas também o "popular". E a Pedra do Sal foi indicada para tombamento ao então vice-governador e antropólogo Darcy Ribeiro por portar dois aspectos que consideravam importantes: era um "patrimônio religioso", que representava a tradição dos orixás e do catolicismo popular; e era também um "patrimônio histórico", que representava a migração dos baianos e a criação dos ranchos carnavalescos.

Na apresentação da proposta de tombamento da Pedra do Sal, o arquiteto Ítalo Campofiorito argumentou que, como já havia no Morro da Conceição bens católicos e militares tombados pelo Iphan desde 1934, era necessária a instituição de

---

[32] Entrevista concedida a mim em julho de 2008 e publicada em versão editada no jornal *Batucadas Brasileiras* (15.09.2008).

uma "nova hierarquia de valores" em que fosse reconhecido o "monumento negro e popular" do morro. Nessa proposta, Rufino afirmou que deveria ser o objetivo da ação patrimonial a construção não apenas da memória negra, mas do próprio "local de memória". Para Rufino e a inventariante do bem, a museóloga Mercedes Viegas, a cidade havia passado por um processo de "descaracterização" causado pelas sucessivas transformações urbanísticas, que ameaçavam extinguir os "testemunhos do passado da cidade negra". Assim, enquanto a "Igreja Católica" foi retratada como uma antagonista simbólica, os "projetos urbanísticos" foram apresentados como os antagonistas físicos pelas transformações que provocavam nos logradouros e imóveis.

Na delimitação temporal da memória a ser resgatada pela política patrimonial, a virada do século XIX para o século XX, o livro de Roberto Moura foi utilizado como importante referência histórica ao indicar a formação da "diáspora baiana" na cidade. As noções de "Pequena África" e "diáspora baiana", no entanto, foram definidas pelos especialistas do patrimônio de forma mais nuançada que na versão de Moura.

Rufino afirmou que a Saúde era uma "pequena Bahia", e a Bahia, uma "pequena África", articulando assim um sistema de autenticidade sobre as origens afro-brasileiras em que a Bahia era considerada uma herdeira mais pura das tradições negras do que o Rio de Janeiro. Da mesma forma, o termo "diáspora baiana" foi definido por Viegas operando a separação entre baianos e africanos, que teriam especificidades territoriais e identitárias: os baianos morariam nas casas próximas à praça Onze e ao cais do porto e participariam das festas de candomblé lideradas por João Alabá; e os africanos morariam no alto da Pedra do Sal e participariam dos cultos muçulmanos conduzidos por Assumano Mina.

Os estudos patrimoniais de Rufino e Viegas também optaram por não incluir qualquer interação social, conflituosa ou harmônica, desses africanos e baianos com outros grupos sociais, bem como evitaram interpretar as continuidades e transformações de suas práticas culturais com o passar dos anos ou apresentar possíveis herdeiros diretos do patrimônio. Assim, não forneceram nenhuma informação que realçasse as trocas e recriações desses afrodescendentes, idealizando e supostamente estabilizando os significados do patrimônio da Pedra do Sal.

No final do século XX, foram então estas narrativas sobre a Pequena África e a cidade negra que ganharam novas versões e interpretações, catalisando ações de diversos grupos e instituições da Zona Portuária. Alguns movimentos de "moradores sem teto", por exemplo, acionaram símbolos da escravidão para reivindicar uma política habitacional popular.[33] O Instituto de Pesquisa e Memória Pretos Novos foi criado em um sobrado da Gamboa após seus proprietários descobrirem a existência de um cemitério de escravos africanos enterrados a poucos palmos do piso.[34] A escola de músi-

---

[33] Haviam surgido, por exemplo, três ocupações de "moradores sem teto", todas elas trazendo em seus nomes referências ao movimento abolicionista brasileiro: a ocupação Chiquinha Gonzaga, criada em julho de 2004 em um prédio na rua Barão de São Felix pertencente ao Instituto Nacional de Colonização e Reforma Agrária (Incra); a ocupação Zumbi dos Palmares, surgida em abril de 2005 em um edifício do Instituto Nacional de Seguridade Social (INSS), localizado na avenida Venezuela; e a ocupação Quilombo das Guerreiras, feita em outubro de 2006 em um prédio da Companhia Docas na avenida Francisco Bicalho.

[34] Em entrevista concedida a mim em abril de 2008, Merced contou que o instituto havia sido fundado após sua família ter descoberto, em 1996, durante uma reforma nos cômodos da casa na rua Pedro Ernesto, na Gamboa, vários ossos enterrados pertencentes a um antigo cemitério de escravos. Como apontaram estudos de Pereira (2007), os ossos eram de

ca Batucadas Brasileiras se instalou em um sobrado na praça dos Estivadores, buscando promover o ensino de ritmos percussivos para "jovens de comunidades de baixa renda".[35] Outras instituições locais passaram ainda a se referir ao mito da Pequena África, embora não centrassem nele suas construções de passado, como os blocos de carnaval Escravos da Mauá e Prata Preta, a Casa do Artista Plástico Afrodescendente, o Instituto Sociocultural Favelarte etc.

As imagens da cidade negra e o mito da Pequena África também encontraram ressonância entre habitantes do Morro da Conceição, como os que formaram o Quilombo da Pedra do Sal. Em 2001, ano em que a Prefeitura divulgou o Plano Porto do Rio, a entidade católica Venerável Ordem Terceira de São Francisco da Penitência começou um processo de retomada de posse de diversos imóveis localizados na base do morro. Alegando desejar expandir os projetos assistenciais e educacionais que possuía na região, nos quatro anos que se seguiram a entidade realocou para outros imóveis ou despejou mais de 30 famílias que eram inquilinas ou moravam informalmente em sobrados do morro com sua anuência. Nos

---

africanos que haviam morrido durante a viagem de navio ou logo após sua chegada ao porto, tendo sido enterrados numa vala coletiva pelo governo colonial. No início da gestão de Cesar Maia na Prefeitura, em 2001, foi feita uma grande festa na casa e anunciada a realização de uma prospecção arqueológica. Após essa divulgação, a casa começou a receber a visitação de pesquisadores e pessoas ligadas à valorização da cultura negra, se tornando um dos espaços da Zona Portuária considerado parte desse patrimônio. Em 2005, a pesquisa anunciada pela Prefeitura ainda não havia sido realizada e Mercedes decidiu organizar o instituto. Para outras informações sobre a atuação do instituto, ver Vassallo (2012).

[35] O Instituto Bandeira Branca foi fundado em 2003 pelo jornalista Maurício Nolasco, tendo como principal atividade a escola de música Batucadas Brasileiras, dirigida por Robertinho Silva. Informações sobre o projeto estão disponíveis em: <http://catarse.me/pt/batucadasbrasileiras>.

casos de contestação das medidas tomadas, a entidade movimentou processos judiciais em que as categorias acusatórias de "invasores" e "inadimplentes" foram acionadas para justificar a mobilização de força policial de desocupação.

Mas duas das famílias entre os citados nas ações de despejo já moravam havia muitos anos na Zona Portuária e atuavam em movimentos sociais de afirmação e valorização da cultura afro-brasileira. Com vínculos afetivos de longa data estabelecidos na vizinhança e vínculos políticos em órgãos do governo federal e estadual, conseguiram agrupar outras três famílias do morro para resistir aos despejos. Em comum, essas cinco famílias interpretaram as ações da Vot como um rompimento das relações sociais que a entidade católica havia estabelecido com os moradores do morro. Como forma de paralisar os despejos, no final de 2005, essas famílias pleitearam o reconhecimento de dezenas de imóveis do morro como território étnico da Comunidade de Remanescentes de Quilombo da Pedra do Sal.

Assim como a narrativa da Pequena África, a trajetória política do termo "comunidade de remanescentes de quilombo" também remontava ao contexto brasileiro de discussões raciais durante a formulação da Constituição Federal de 1988. Nela, o art. 68 dos Atos dos Dispositivos Constitucionais Transitórios uniu três conceitos para a criação de sujeitos políticos diferenciados que teriam direito à propriedade definitiva das terras que estivessem ocupando, através da emissão de títulos de "reconhecimento étnico" pelo Estado. O conceito de *remanescentes* foi proposto para equiparar a situação das comunidades negras à das indígenas, colocando como aspecto central de sua retórica a noção de "direito de memória" na busca da manutenção de um território onde houvesse se desenvolvido um "processo histórico de espoliação". O conceito de *terras de uso comum* definiu as áreas rurais onde os recursos básicos fossem controlados por vários grupos familiares e regulados a partir de um universo legal próprio. O conceito de *etnicidade* definiu como "comunidade quilombola" os grupos que assim se autoatribuíssem, que possuíssem uma identidade referenciada na partilha de vivências e valores e se percebessem contrastivamente em relação a outra identidade em determinada situação de conflito fundiário. Posteriormente, a essa definição foram adicionadas novas categorias: as "comunidades quilombolas" deveriam ainda possuir "trajetória histórica própria", "relações territoriais específicas" e uma "ancestralidade negra" (Arruti, 2006).

A autoatribuição dessas famílias do morro como grupo étnico-racial fez então com que o Estado emitisse uma certidão de reconhecimento e iniciasse o processo de regularização fundiária e de "reparação histórica" do passado escravista da região.[36] Operou, assim, uma sobreposição ao

---

[36] Se os principais articuladores da instituição dos territórios quilombolas foram os legisladores, os militantes do movimento social e os especialistas acadêmicos, após a aprovação do art. 68 outros agentes mediadores foram mobilizados para garantir sua aplicabilidade. Houve então o domínio das instituições jurídicas nos processos de resolução de conflitos fundiários: os procuradores do Ministério Público Federal se destacaram no desenvolvimento de Ações Civis Públicas e a Defensoria Pública ascendeu como mediadora jurídica complementar, já que as comunidades negras que pleiteavam o reconhecimento de territórios remanescentes de quilombos frequentemente precisavam de advogados para defendê-las em litígios individuais, como nas ações de reintegração de posse em que os integrantes das comunidades eram citados como réus (Arruti e Figueiredo, 2005). Já dentro dos órgãos do Poder Executivo, os principais mediadores dos conflitos se tornaram a Fundação Cultural Palmares, responsável por emitir os certificados de reconhecimento a partir da autoatribuição dos grupos pleiteantes, e o Incra, que deveria encaminhar o processo de regularização fundiária por meio da produção de convênios

imaginário que os classificava como "invasores" e "marginais", ao produzir uma diferenciação identitária em relação aos demais habitantes do morro. No entanto, o Quilombo da Pedra do Sal se tornou um dos processos mais polêmicos de reconhecimento étnico da sociedade brasileira, por explorar as possibilidades de flexibilização do conceito constitucional de "quilombo". Entre essas possibilidades, a de pleito de um território étnico em contexto urbano socialmente fragmentado; a de construção de uma trajetória de ocupação do território baseada na narrativa mítica sobre a Pequena África e seus antepassados; e a de delimitação desse território a partir do "patrimônio cultural" da Pedra do Sal, concebido como símbolo do passado de uma cidade negra genérica e, portanto, sem herdeiros presumidos.

Outro grupo social que também reivindicou ser herdeiro da Pequena África foi o bloco carnavalesco Afoxé Filhos de Gandhi, cujos desfiles e apresentações divulgavam a "cultura negra" e os "cultos afros". Havia cinco décadas, desde a fundação do bloco, que a localização da sede de ensaios em espaços da região central ou portuária era considerada como essencial para criar o coletivo mais amplo do "povo do santo" e dissipar os vínculos dos locais de moradia de seus integrantes. Em 1997, para realizar os ensaios do bloco, os diretores se apossaram de um sobrado desocupado na rua Camerino, ao lado do Jardim Suspenso do Valongo, de propriedade do governo estadual. No entanto, esse sobrado foi classificado como "ruína" pelos planejadores da Prefeitura durante a realização do ProRio e, com o aumento do interesse

---

com universidades públicas para que fossem realizados laudos de identificação territorial contendo informações cartográficas, fundiárias, agronômicas, ecológicas, geográficas, socioeconômicas, históricas e antropológicas sobre a comunidade e o espaço pleiteado.

econômico e político pela "revitalização" da Zona Portuária, se tornaram constantes as iniciativas de sua retomada pelo governo. Regularizar juridicamente o sobrado e reformá-lo era assim a principal preocupação da diretoria, que articulou uma narrativa sobre a "energia" da Pequena África que dele emanava por ter funcionado em seu entorno o antigo mercado de escravos do Valongo.

O bloco, além de se unir ao pleito do movimento quilombola, desenvolveu concomitantemente formas próprias de atuação para conseguir a propriedade definitiva da sede. A diretoria elaborou o Projeto Centro de Cidadania Afoxé Filhos de Gandhi, que previa a reforma do sobrado, seu reconhecimento como "patrimônio imaterial carioca", a criação de um "centro de memória" sobre suas atividades e as instalações de um "memorial" da abolição da escravidão e de um "monumento" comemorativo ao trabalho portuário. Buscou também ampliar sua circulação em outros contextos da cidade por meio do estabelecimento de um sistema de trocas baseado nas noções de "agrado", "proteção" e "prestígio". Em todas as ações, seus integrantes defendiam a criação de "símbolos positivos" dos tempos da escravidão que se sobrepusessem ao que consideravam ser uma memória negativa, buscando a positivação e redenção dessa memória através de sua monumentalização e musealização.

IMAGEM DE NOSSA SENHORA DA CONCEIÇÃO EM FRENTE À FORTALEZA.
NOVEMBRO DE 2007.

2 A "vizinhança" da parte alta do morro

As afinidades e tensões entre moradores "novos" e "tradicionais"

Minha chegada ao Morro da Conceição foi crucial na definição da pesquisa que desenvolveria nos dois anos seguintes. Como não conhecia seus espaços e habitantes, busquei alguém que pudesse mediar minha entrada, mas evitei procurar representantes de organizações governamentais ou não governamentais para não me sentir constrangida a seguir uma pauta institucional de pesquisa. Recorri então ao meu círculo de amigos para obter a indicação de algum morador, e entrei em contato com o casal de antropólogos Martin e Alessandra.[37] Combinamos um encontro em outu-

---

[37] Optei por utilizar o nome verdadeiro das pessoas em virtude de o morro ser uma localidade delimitada, onde os habitantes se reconheceriam facilmente durante a apresentação dos acontecimentos, e para possibilitar que posteriores pesquisas sobre a Zona Portuária pudessem usar o estudo como referência e contexto. Recorri ao anonimato em poucos casos, apenas quando avaliei que a identificação do autor da informação poderia precipitar um conflito ainda não manifesto. Nesses casos, posicionei a informação em um dos múltiplos espaços do morro, para que não se perdesse a relatividade de sua perspectiva. Nomeei as pessoas de maneiras diferentes, mantendo as especificidades dos encontros durante o trabalho de campo: as pessoas que se apresentaram a mim com nome e sobrenome possuíam alguma forma de atuação profissional na Zona Portuária ou estavam envolvidas em algum conflito judicial; as que só me disseram o primeiro nome eu havia encontrado em situações informais; as que se apresentaram através de apelidos costumavam estar envolvidas na

bro de 2007 em sua casa, na rua Jogo da Bola, via da "parte alta" do morro.

Parte alta era como muitos moradores designavam um conjunto específico de logradouros e relações de vizinhança localizados na rua Jogo da Bola e na ladeira João Homem. Sua referência simbólica era a praça Major Valô, correntemente denominada pelos moradores de largo da Santa, por conter a imagem esculpida de Nossa Senhora da Conceição sobre um mastro de cerca de oito metros. Esse largo tinha uma configuração triangular e calçamento de paralelepípedos, mas não possuía uma elevação que o diferenciasse das vias que para ele convergiam.[38] Cotidianamente, era utilizado como estacionamento e passagem de veículos; eventualmente, para festividades dos moradores.

No entorno do largo, duas edificações arquitetonicamente imponentes ocupadas pelo 5ª Divisão de Levantamento do Serviço Geográfico do Exército dominavam a paisagem: o Palácio Episcopal, casarão branco de dois andares ornamentado em ferro, madeira e pedra; e a Fortaleza da Conceição, complexo edificado que ocupava uma grande área do topo do morro apenas parcialmente visível da rua, por possuir uma alta muralha de pedra. Defronte ao palácio, um muro baixo permitia a visão da Igreja de Santa Rita, localizada na

---

realização de eventos festivos; e as pessoas que se apresentaram com os nomes religiosos estavam envolvidas em atividades do candomblé.

[38] Apesar de também estar conectada ao largo da Santa, a rua Major Daemon não era tida como pertencente à parte alta, mas como componente da área central da cidade. Essa rua era íngreme, sinuosa, calçada por paralelepípedos e permitia o tráfego em mão dupla de dois veículos. Sua base era ligada à rua do Acre e ocupada por alguns edifícios residenciais, mas, conforme se subia, predominavam os sobrados de dois e três andares. Nas proximidades do topo do morro, uma trava amarela de ferro fechava parcialmente a passagem e uma placa indicava ser o início da área militar.

área central próxima à base do morro, e, ao lado desse muro, um pequeno portão conduzia a duas quadras de futebol de propriedade do Exército.

A rua Jogo da Bola era a via mais extensa do morro e com o maior número de ruas, ladeiras e travessas que a conectavam indiretamente à praça Mauá e ao Centro da cidade.[39] Na extremidade contígua ao largo, a rua possuía uma pequena e sinuosa passagem rente à muralha da fortaleza, onde uma grade permitia a visão da retroárea portuária e da baía de Guanabara. Após a muralha, os dois lados da rua eram ocupados por sobrados e suas estreitas calçadas. A outra extremidade a ligava à rua Argemiro Bulcão, que levava ao cume da Pedra do Sal.

Algumas das fachadas dos sobrados eram ornamentadas por azulejos, gesso talhado e pedras e exibiam emblemas no alto dos portais, que indicavam terem sido construídos entre o final do século XIX e o início do século XX. Muitas fachadas também exibiam materiais construtivos de décadas posteriores, como esquadrias de alumínio ou revestimento de cerâmica. Havia ainda outras em que a construção de "puxadinhos"[40] verticais produzia uma ruptura no padrão construtivo e decorativo entre as partes inferiores e superiores. Assim, tanto vistos em relação uns aos outros como a partir de suas composições individuais, os sobrados apresentavam um acúmulo de temporalidades: os que estavam dispostos lado a lado foram

---

[39] Auxiliavam na conexão da rua Jogo da Bola com a praça Mauá: o beco das Escadinhas da Conceição, as ruas Mato Grosso e do Escorrega e a travessa do Sereno. Já a ligação da rua Jogo da Bola com o Centro da cidade era permitida pelas travessas Coronel Julião e Joaquim Soares, por meio de suas ligações com a ladeira Pedro Antonio e a rua Senador Pompeu.

[40] "Puxadinho" é uma denominação informal dos acréscimos na área construída dos imóveis não regularizados pelo governo.

construídos em períodos distintos; e, em muitos deles, as mudanças e adaptações de usos eram visíveis.

Dois bares, uma capela e uma praça eram utilizados como espaços cotidianos de convivência. O bar do Beto era pequeno e possuía um balcão de atendimento e uma máquina de assar frangos, utilizada apenas nos fins de semana. Suas cadeiras, mesas de plástico e engradados de garrafas de cerveja ficavam dispostos na calçada. Já o bar do Sérgio possuía uma área interna ampla, com balcão, prateleiras para exposição de mercadorias, freezer de picolés e algumas mesas e cadeiras de madeira, além de mesas e cadeiras de alumínio na calçada. Quase em frente, a Capela Nossa Senhora da Conceição tinha apenas um andar e torre. Em seu portal, havia uma placa que informava sua fundação em 10 de julho de 1892 e, ao alto, um azulejo decorado com a imagem da santa. Ao lado da capela, o andar térreo de um sobrado era utilizado como salão de encontros e reuniões dos fiéis. Perto do bar do Sérgio e da capela tinha sido construída a praça Leopoldo Martins, ou simplesmente "pracinha", como era chamada pelos moradores. O piso da praça era de terra batida e pedras portuguesas, e nela havia algumas árvores, bancos de cimento, equipamentos de ginástica e recreação em madeira e conjuntos de banquetas e mesinhas de cimento com tabuleiros.

A outra via da parte alta, a ladeira João Homem, era sinuosa, calçada por paralelepípedos e sem qualquer via perpendicular. Sua conexão com outros espaços era possibilitada apenas por suas extremidades: no topo do morro, a ladeira se conectava ao largo da Santa e, na base, uma escadaria levava à travessa do Liceu,[41] passagem estreita e exclusiva

---

[41] A travessa do Liceu era lateralmente delimitada pelos fundos do edifício A Noite, de mais de 20 andares, e pela encosta do morro. Ao longo da

para pedestres que interligava as ruas do Acre[42] e Sacadura Cabral. Toda a extensão era ocupada por sobrados, alguns também apresentando azulejos com imagens de santos católicos nos portais. O único ponto comercial da ladeira era o bar do Geraldo, que, em sua área interna, tinha balcão e cadeiras de plástico e, na calçada, mesas, cadeiras e engradados. Ateliês de artistas plásticos também estavam instalados em alguns sobrados e apresentavam um uso misto, como espaço residencial e profissional.

---

encosta, a travessa era ocupada por barracas credenciadas pela Prefeitura, que vendiam alimentos não perecíveis como biscoitos, balas e chocolates, e peças de vestuário e objetos para escritório. Estas barracas diminuíam ainda mais a estreita área de passagem dos pedestres e mantinham a via permanentemente ocupada. Já a lateral do edifício possuía algumas colunas de madeira que davam sustentação a sua marquise. No período diurno, ficavam estacionadas sob ela motos e bicicletas e pequenos grupos organizavam jogos de cartas e de tabuleiro.

[42] A rua do Acre interligava duas grandes avenidas do Centro da cidade, a Marechal Floriano e a Rio Branco, e delimitava parte da base do morro. Apesar de ampla, a rua não era utilizada como rota de nenhum transporte coletivo. Em seu lado ímpar, que contornava o morro, as construções eram predominantemente casas assobradadas de dois andares, com a presença de alguns prédios. Já no lado par ocorria o inverso: havia uma grande quantidade de prédios e poucos sobrados, demarcando visualmente a transição para as atividades comerciais da cidade. Em quase todos os andares térreos estavam instaladas pequenas lojas de alimentação a preços populares e de venda de materiais de escritório. Alguns dos sobrados eram também utilizados como hospedarias baratas. Visualmente, era marcante a divulgação de produtos desse pequeno comércio em várias tabuletas postas nas fachadas, que produziam um efeito colorido e tumultuado, dificultando qualquer fixação do olhar. Como efeito da valorização econômica causada pelos planos de reurbanização da Prefeitura, no entanto, entre pastelarias, lanchonetes, botequins e restaurantes de "comida a quilo" já despontavam estabelecimentos de preços mais elevados recentemente inaugurados. Eles contrastavam em sobriedade de cores e no uso de portas de vidro para isolar seus clientes do movimento da rua, oferecendo ambientes climatizados e menos expostos que os das lojas abertas.

O sobrado onde moravam Martin e Alessandra ficava ao lado do bar do Beto. Nossa conversa foi realizada na cozinha da casa, em um tom informal, marcado pelo uso de metáforas antropológicas para explicar as relações sociais e moralidades do morro, o que me forneceu um primeiro e amplo mapa da parte alta. A conversa conduziu ainda a um percurso inicial de pesquisa, já que me apresentaram os amigos de vizinhança e espaços que frequentavam cotidianamente. Assim, foi a partir desse primeiro contato que comecei a construir um olhar sobre o morro, que se tornou mais fragmentado e nuançado à medida que a pesquisa foi sendo desenvolvida em outros espaços, vizinhanças e formas de habitar, como a Pedra do Sal e o Valongo.

Alessandra havia conhecido o morro durante um curso de fotografia, quando eles já procuravam um espaço para residir que não fosse na Zona Sul, onde não lhes agradavam o estilo de vida e o alto valor dos aluguéis, nem no "subúrbio", que consideravam distante de suas atividades profissionais e recreativas. Ao se mudarem para lá, em 2004, Martin percebeu que a rua Jogo da Bola oferecia "intimidade social": todos os vizinhos se conheciam, gerando um controle que tornava o local mais "seguro", embora propenso a "fofoca". Um exemplo que ofereceu dessa segurança foi o cuidado que todos tinham com os filhos uns dos outros, possibilitando que brincassem nas ruas do morro sem o acompanhamento de um adulto.

A alteração lenta da vizinhança era, na opinião de Martin, o que fazia com que alguns núcleos familiares da parte alta se reconhecessem como moradores "tradicionais". Ele, no entanto, fez a ressalva de que esses moradores não utilizavam usualmente tal termo, mas narrativas que remetiam a essa tradição, como "nasci aqui, casei com fulana da casa tal...". Toda a parte alta era considerada a "elite" do morro, mas entre seus espaços havia também diferenciações: os moradores da ladeira João Homem eram, em sua maioria, pertencentes à classe média baixa, e os da rua Jogo da Bola, possuidores de maior renda. Os bares e a capela eram seus principais espaços de sociabilidade, cada qual frequentado por grupos sociais específicos. Na rua Jogo da Bola, o bar do Beto era frequentado pelos "nordestinos" e o bar do Sérgio e a capela, por "portugueses e espanhóis". Na ladeira João Homem, o bar do Geraldo era frequentado também por "gente de fora" e "jovens".

As casas da parte alta raramente eram anunciadas para aluguel em corretoras de imóveis, o mais comum era que fossem ocupadas pela indicação de algum morador. Segundo Martin, os moradores mais velhos ligados à tradição portuguesa e espanhola consideravam que as condições sociais de moradia no morro tinham piorado nos últimos anos por causa do aumento da criminalidade, da falta de infraestrutura pública e da entrada de "novos" moradores, principalmente dos "nordestinos". Mas havia contradições nessas relações de moradia, já que a chegada desses moradores ao morro foi provocada pela ação dos descendentes das famílias tidas como tradicionais: ao longo dos anos, dividiram seus sobrados para aluguel ou perderam gradualmente o controle sobre os direitos de herança. Assim, os sobrados foram divididos em cômodos para a moradia de vários núcleos familiares ou foram informalmente ocupados, causando o que os tradicionais apontavam como a "favelização" do morro, termo que aludia à precariedade de suas condições físicas e que se estendia à avaliação dos atributos morais de seus habitantes.

Porém, as relações entre os moradores da parte alta não eram estruturadas apenas por classificações econômicas, de origens ou de condições de moradia. Como narrou Alessandra, essas classificações se conjugavam ainda a distinções de gênero e etárias. Segundo sua percepção, as relações da parte alta eram "machistas", pois poucas mulheres circulavam por suas ruas e bares, e quando ela era convidada para alguma festa, o convite acontecia indiretamente, através de Martin. Alessandra também percebeu que só algumas mulheres nordestinas frequentavam o bar do Sérgio, as de ascendência espanhola e portuguesa participavam com assiduidade apenas das atividades da capela. Seus filhos não costumavam se divertir nos bares do morro, preferiam ir a espaços da cidade tidos como mais elitizados.

De acordo com o casal, nas representações da vizinhança do morro, o espaço entendido como oposto e complementar à parte alta era a "parte baixa", composta por vias asfaltadas que acessavam a rua Sacadura Cabral. Seus moradores eram inquilinos de classe baixa ou ocupantes informais dos sobrados. Muitos trabalhavam como garçons ou empregadas domésticas e a maioria era de origem nordestina. Nessa parte do morro, vários imóveis pertenciam à entidade católica Venerável Ordem Terceira de São Francisco da Penitência, denominada pelos moradores apenas pelo acrônimo Vot, que nos últimos anos havia despejado ou realocado seus inquilinos para moradias no Centro da cidade, visando ampliar seus projetos assistenciais e educacionais na Zona Portuária. Mas, segundo Alessandra, a transformação de imóveis residenciais em assistenciais não agradou o conjunto de moradores do morro, pois resultou no surgimento de espaços "desertos" à noite e nos fins de semana, períodos em que as atividades dos projetos eram suspensas, propiciando a ocorrência de roubos e tráfico e consumo de drogas. A iniciativa teria desagradado em particular aos moradores da parte alta, que consideraram essas atividades um fator de atratividade dos moradores do Morro da Providência, seus indesejados vizinhos de região classificados como "favelados".

Os despejos também geraram um conflito habitacional de contornos étnicos, com algumas famílias retiradas judicialmente de suas casas se atribuindo uma tradição relacionada à origem negra e pleiteando o reconhecimento da Comunidade de Remanescentes de Quilombo da Pedra do Sal. Segundo o casal, com o início do processo de "identificação" e "demarcação" de imóveis da base do morro como pertencentes a essa comunidade, o Instituto Nacional de Colonização Agrária (Incra) encomendou a produção de um Relatório Histórico e Antropológico. As pesquisadoras da Universidade Federal Fluminense (UFF) que assumiram sua elaboração procuraram historiadores e antropólogos que residiam no morro para compor a equipe. Eles foram convidados, mas se recusaram por avaliar que, por serem moradores, não possuíam o distanciamento necessário para realizar um trabalho antropológico. Mas a historiadora Érika, amiga deles que morava na ladeira Pedro Antonio, aceitou.[43]

Da mesma forma, apesar de terem sido receptivos ao meu contato, Martin e Alessandra afirmaram que não desejavam participar da pesquisa como "nativos", "informantes" ou "interlocutores",[44] já que, por terem alugado a casa pouco

---

[43] A historiadora Érika Arantes tinha um vínculo acadêmico anterior com a história da ocupação negra na Zona Portuária carioca, por ter desenvolvido dissertação de mestrado sobre o "porto negro" no início do século XX (Arantes, 2005).

[44] No jargão antropológico, isso significava que o casal não gostaria de, como "nativos", ter as próprias práticas e representações sociais estudadas; nem desejavam, como "informantes", comentar as práticas e representações de seus vizinhos; ou sequer, como "interlocutores", tecer análises ou críticas sobre essas práticas e representações.

tempo antes, ainda se encontravam em processo de inserção na vizinhança. Em sua avaliação, se fossem localmente classificados como "pesquisadores", a inserção poderia ser prejudicada, pois acabaria mediada por suas atuações profissionais.

Ao longo do trabalho de campo, compreendi a preocupação do casal a partir da relação que alguns moradores tinham com a figura do "pesquisador". Havia um mal-estar em relação à presença constante de jornalistas, fotógrafos, antropólogos, sociólogos, arquitetos e representantes de órgãos governamentais nos espaços do morro, algumas vezes atuando como mediadores de conflitos locais ou de interesses econômicos. No meu caso, esse mal-estar se manifestou em momentos pontuais, com a recusa por travar conversas mais longas, o uso de ironias ou evasivas ou o desconforto com minha presença em determinados espaços do morro utilizados de maneira liminar entre o público e o privado. Houve também situações em que tal mal-estar foi expresso de forma afirmativa, com a enunciação de discursos politizados sobre identidade cultural ou a cobrança para que eu me posicionasse diante de conflitos.

Para participar do cotidiano do morro e observar as variações nos usos de seus espaços nos diferentes horários e dias da semana, ao final da conversa com Martin e Alessandra pedi que me indicassem uma casa para alugar. Alessandra então caminhou comigo pela rua Jogo da Bola e me apresentou ao arquiteto Antônio Agenor, que procurava alguém para dividir o segundo andar de um sobrado localizado próximo ao bar do Sérgio. No dia seguinte, retornei a sua casa e, enquanto conversávamos na sala, Antônio me expôs o que considerava serem as boas qualidades do morro e seus aspectos paisagísticos e sociais excepcionais.

Antônio também narrou como foi seu processo de inserção e aceitação social na vizinhança. Contou que já costumava organizar aulas práticas de arquitetura no morro para seus alunos quando, em 2004, decidiu se mudar de Copacabana, Zona Sul da cidade. Procurou então Seu Félix, morador da ladeira João Homem que havia conhecido durante as aulas e que, como ele, era sergipano. Seu Félix era proprietário de um sobrado, e utilizava o primeiro andar para moradia e o segundo, para locação, mas já estava com um inquilino, e anotou o telefone de Antônio caso soubesse de outra oportunidade no morro. Dois meses depois, avisou que Maurício estava alugando um apartamento na rua Jogo da Bola. Antônio se mudou para lá, mas ficou por pouco tempo no imóvel, pois não gostou de suas condições de conservação. Essa primeira inserção na vizinhança, no entanto, possibilitou que conseguisse alugar logo em seguida o sobrado onde estava morando, de propriedade de Seu Luizinho, locador de várias casas do morro e mantenedor da capela juntamente com sua esposa, Dona Glorinha.

Segundo Antônio, sua acolhida na vizinhança aconteceu de forma plena apenas dois anos depois, quando sua mãe chegou de Sergipe para passar um período de férias. Como ela teve um grave problema de saúde durante a estadia, permaneceu na casa dele em recuperação por vários meses e passou a frequentar as missas realizadas nas manhãs de domingo na capela. Ao se restabelecer e deixar o morro, as senhoras que frequentavam a capela continuaram perguntando a Antônio sobre seu estado de saúde. Assim, ainda que não frequentasse as missas, através de sua mãe começou a ser reconhecido e cumprimentado por uma parcela maior de vizinhos.

Da mesma forma que a narrativa de Alessandra sobre o "machismo" da vizinhança, essa breve história de Antônio indicava que as classificações dos moradores da rua Jogo da Bola eram organizadas por meio de uma dinâmica combinação identitária, que podia incluir a origem dos moradores, sua classe econômica, condições de moradia, gênero, faixa etária, práticas religiosas etc. Como Antônio era um profissional liberal, com situação regular de inquilinato, morador de um espaço prestigiado da parte alta e filho de católicos, foi bem-aceito nessa vizinhança, e o fato de ser nordestino não se tornou um estigma. A categoria "nordestino", portanto, era acionada de forma acusatória por alguns moradores quando se conjugava a outros indicadores sociais, se referindo não unicamente ao fato de alguém da vizinhança ser oriundo dessa região do país, mas a uma série de oposições como "morador" *versus* "favelado/invasor", "homem" *versus* "mulher", "elite" *versus* "pobre", "católico" *versus* "não católico" etc.

No mesmo dia em que conversamos, Antônio me levou à roda de samba que ocorria toda noite de segunda-feira no largo João da Baiana, sopé da Pedra do Sal. Por volta das 19 horas, lá já se reuniam cerca de 80 pessoas, que, animadamente, conversavam de pé ou se acomodavam em torno de mesinhas de alumínio. No bar Bodega do Sal, patrocinador do evento, petiscos fritos, caldos e bebidas eram vendidos aos frequentadores, sendo que a cerveja de garrafa podia ser adquirida no balcão mediante pagamento imediato.

Durante o samba, Antônio me apresentou a Guenther, gaúcho dono de uma empresa de informática que, em 2005, havia se mudado para um pequeno prédio na esquina da rua Jogo da Bola com a travessa Coronel Julião. Antes de ir para o morro, Guenther morava na Fonte da Saudade, Zona Sul da cidade, mas se queixou de mal conhecer os vizinhos. Em sua opinião, a vizinhança do morro era interessante devido à "diversidade social", característica que exemplificou listando as variadas profissões de seus moradores — pipoqueiro, antropólogo, artista, policial, empresário, estivador etc. —, e não suas origens, seus gêneros ou suas condições de moradia. Essa forma de perceber a vizinhança se explicava, parcialmente, pela forma como ele mesmo se apresentou perante os demais moradores, mediada principalmente por sua atuação local como fotógrafo.

De forma parabólica, Guenther então narrou dois eventos que considerava ilustrar bem as relações de vizinhança do morro. O primeiro ocorreu quando viajou durante uma semana e deixou o carro estacionado em frente à casa, avisando sua ausência apenas a Sérgio, dono do bar. Quando retornou, Sérgio lhe disse que o "senhorio" tinha ficado preocupado por não tê-lo visto pela rua e por reparar que o carro tinha ficado no mesmo lugar: achou que poderia estar doente ou com algum problema. Guenther foi então falar com o proprietário de sua casa para, em suas palavras, "fazer duas coisas: primeiro, agradecer por ter se preocupado; segundo, pedir desculpas por não ter te avisado". Já o outro acontecimento, ele tinha considerado desagradável: uma empregada doméstica que trabalhava em sua casa e também era moradora do morro havia comentado com outro morador que ele era "pão-duro", porque, em um dia em que ela ficou doente e só pôde trabalhar meio período, ele havia se recusado a pagar a diária inteira. Com as duas histórias, Guenther concluiu que havia no morro uma convivência entre vizinhos que permitia o estabelecimento de laços de amizade, mas que havia também um lado negativo dessa convivência, a fofoca, que podia ser gerada e afetar a reputação de um "recém-chegado".

Além de movimentar suas percepções sobre o novo local de moradia, essas duas narrativas forneciam uma importante informação: na parte alta do morro havia empregadas domésticas, patrões, inquilinos e proprietários compartilhando cotidianamente os mesmos espaços, fazendo com que tanto as relações profissionais quanto de moradia estruturassem e hierarquizassem a vizinhança. A fala de Guenther também confirmava as percepções de Martin, Alessandra e Antônio, de que o morro havia se tornado nos últimos anos um espaço da cidade que oferecia aluguéis a preços mais baratos e um ambiente social acolhedor, se comparado aos bairros economicamente valorizados da Zona Sul. O morro tinha, assim, passado a ser uma atraente opção de moradia para as camadas médias da população, embora os afetos e trocas possibilitados pelas relações de vizinhança pudessem também ser permeados de tensões.

Logo que passei a ocupar a casa de Antônio, em novembro, fui ao bar me apresentar a Sérgio. Era uma tarde de sexta-feira e o estabelecimento estava com pouco movimento, apenas um casal com uma criança assistindo à televisão e uma mulher no balcão. Expliquei que era pesquisadora e combinamos de conversar na terça-feira, às 9 horas, quando o movimento de fregueses diminuía após a entrega do pão da manhã e sua mãe, Dona Regina, ainda não o tinha substituído no atendimento ao balcão para que ele levasse a filha à escola. Quando retornei, Sérgio pediu para que ele não me alongasse nas perguntas. Nossa conversa se desenvolveu então como se fosse uma reportagem jornalística: eu fazia uma pergunta, e ele respondia de forma breve, sem entrar em detalhes.

Sérgio contou que morava na rua Jogo da Bola e abria o bar durante a semana, das 6h30 às 23 horas, e, nos fins de semana, até às 2 horas. Além de bebidas, servia salgados durante o dia e, no período da noite, caldo verde, sanduíches, batata frita e porções de queijo. O bar tinha sido alugado em 1968 por seu pai, Seu Odílio, de origem espanhola. Ele nasceu dois anos depois e começou a ajudar o pai no bar a partir dos 14 anos de idade. Em seguida, trabalhou em uma agência de corretagem de contêineres de navios no porto e também na Riotur, sociedade mista responsável pela execução das políticas de turismo da Prefeitura. Quando o pai morreu, em 1997, Sérgio assumiu o bar com a ajuda da mãe e da esposa, mantendo assim o negócio em propriedade de sua família.

Apesar das respostas breves, Sérgio desenvolveu dois comentários sobre as relações de vizinhança, demonstrando que era um tema que mobilizava seu interesse. Disse que, havia pouco tempo, uma moradora tinha "desvirtuado" e começado a "estragar a vizinhança" com a organização de bailes funk no largo da Santa, mas que "graças a Deus" ela já tinha ido embora. Comentou ainda que era costume de sua família apoiar, através da oferta de salgados ou de dinheiro, duas festividades no morro: a procissão de Nossa Senhora da Conceição e a festa junina da rua Jogo da Bola, ambas organizadas por Seu Luizinho e Dona Glorinha. Para Sérgio, portanto, faziam parte de sua vizinhança o largo da Santa e a rua Jogo da Bola e, dentro desses limites espaciais, ele considerava determinadas sociabilidades negativas, como os bailes funk correntemente associados às "favelas". Em sua percepção, positivas eram as festas católicas organizadas pela capela.

Dias depois, presenciei um evento extraordinário no bar: um professor do Ateliê da Imagem, escola de fotografia situada na Urca, Zona Sul da cidade, organizou à noite uma projeção de fotografias de diferentes vias do morro feitas por seus alunos. Soube do evento na véspera, através de Ana

Luiza e Fabrício, casal de amigos fotógrafos que me enviou um e-mail de divulgação do evento. Era, assim, uma festividade organizada por pessoas que não moravam no morro e divulgada pelos próprios expositores, extrapolando as relações cotidianas de vizinhança da rua Jogo da Bola.

Quando cheguei ao bar do Sérgio, cerca de 40 pessoas assistiam às fotografias, continuamente projetadas em um telão afixado na parede interna do bar. Para colaborar com a projeção, Sérgio havia deixado as luzes apagadas. O casal de fotógrafos me apresentou ao organizador do evento, Marcos Portella, que explicou que fazia visitas fotográficas ao morro havia quatro anos e sempre parava naquele bar para tomar cerveja com os alunos, por isso havia tido a ideia de fazer ali a exposição. Segundo Portella, Sérgio tinha gostado da proposta do evento, dando a entender que estabeleceu uma relação mais constante com ele. Portanto, não era qualquer pessoa "de fora" da vizinhança que o desagradava, havendo a possibilidade de ser um frequentador ocasional do bar.

Enquanto as imagens eram projetadas, do lado de fora do bar formou-se uma roda de conversa com alguns de seus frequentadores mais assíduos. Martin e Marcelo, historiador que morava na ladeira Pedro Antonio, então me falaram, em tom jocoso, que o espaço havia se tornado o "Baixo Morro da Conceição", em uma referência ao Baixo Gávea, ponto de encontro de jovens da Zona Sul. A ironia do comentário residia no fato de que ambos, ao se mudarem para o morro, compartilhavam a expectativa de saírem do que consideravam ser o "estilo de vida" daquela região da cidade, e de estarem reconhecendo, naquele evento, visitantes que os remetiam a esse estilo.

Marcelo apresentou as próprias distinções sobre quem eram os "de dentro" e os "de fora" da vizinhança. Contou que, durante aquela semana, havia oferecido, junto com Seu René e Martin, uma palestra sobre "patrimônio histórico" para alunos da faculdade de Turismo da Universidade Veiga de Almeida, onde Martin lecionava. Durante a palestra, Seu René, morador "tradicional" da parte alta, disse em tom de brincadeira que ambos eram "turistas permanentes" do morro. O contentamento com que Marcelo narrou o acontecimento foi causado pela demarcação de que eles não eram "de dentro", por não serem "antigos", mas eram considerados parte da vizinhança.

Ainda nessa noite, ouvi outras duas narrativas de Antônio sobre os "de fora". Também opondo as ideias de "morro" e "Zona Sul", ele contou por meio de uma parábola a vez em que uma amiga da escola de sua filha, que morava com a mãe no Jardim Botânico, tinha ido brincar com ela na pracinha da rua Jogo da Bola. Segundo Antônio, era comum que as crianças da vizinhança brincassem sem a supervisão direta de um adulto, pois estes costumavam ficar reunidos a poucos metros no bar do Sérgio. Depois de um tempo brincando, a menina havia chegado chorando ao bar e dito a Antônio que estava com medo porque nunca tinha ficado sem um adulto por perto. Ele concluiu a história comentando como as crianças que cresciam em "apartamentos da Zona Sul" criavam inseguranças tolas. Sua fala opunha, assim, essa sensação de medo a uma das qualidades que eram correntemente associadas à rua Jogo da Bola, a sua "segurança".

Em seguida, Antônio contou outra história que se referia à percepção negativa que muitas pessoas "de fora" tinham sobre os que moravam no morro: quando foi abrir um crediário nas Casas Bahia e colocou o endereço de sua casa, o vendedor comentou: "Esse é malandro mesmo! Mora no Centro e numa rua chamada Jogo da Bola!". Sua história explicitava assim as tensões e ambiguidades existentes na classificação do morro como um espaço de "autenticidade cultural": podiam se referir tanto à noção de segurança como às de perigo e vício, mesmo que relacionadas comicamente ao imaginário do "malandro".

Nesse ambiente descontraído e permeado de narrativas de pertencimento, conversei com Seu René, que também estava fora do bar, observando o evento fotográfico. Morador da rua Jogo da Bola, Seu René era aposentado da Marinha, onde havia trabalhado como analista de sistemas, e costumava participar dos campeonatos do "jogo do aliado" no bar. Ao me mostrar um tabuleiro que ele mesmo havia confeccionado, explicou que era um jogo de "embarcados" da Marinha e que seu nome tinha sido uma alteração do original, que era jogo do "oleado", designação da lona impermeável usada em navios. Em tom de brincadeira, disse que Sérgio não "colocava no salão" o tabuleiro que confeccionara porque tinha "ciúmes" da peça, deixando em uso no bar um que já estava bastante gasto.

Seu René ressaltou, assim, o que para ele eram particularidades da relação dos moradores "antigos" do morro com o bar do Sérgio: o conhecimento e a participação nos torneios do jogo do aliado. Sua narrativa indicou ainda a forte conexão que tais moradores possuíam com a orla da baía de Guanabara e as instalações da Marinha localizadas próximas ao píer Mauá. Essa conexão extrapolava seus aspectos profissionais e se constituía em uma das formas de construção de suas subjetividades. O "ciúme" em torno do tabuleiro de jogo não era, portanto, devido apenas ao fato de ele ser considerado único, mas principalmente por ser um objeto mediador das relações de vizinhança que desejavam manter conservadas e não expostas "no salão", motivo pelo qual tanto o objeto quanto tais relações eram colocados fora de circulação.

Portanto, durante o evento fotográfico no bar, o que Marcelo, Martin e Antônio desejavam ressaltar com seus comentários era a gradação de pertencimento à vizinhança operada pelos moradores "tradicionais". Ser "de dentro", "turista permanente", "turista" e "de fora" eram formas de distinguir as próprias formas de inserção no morro como "moradores", mesmo que "novos", experiência que associavam à noção de autenticidade. As narrativas mostravam também que Seu René era um dos detentores de autoridade moral da rua Jogo da Bola, com sua fala sendo capaz de aferir a reputação de seus moradores. Um "de dentro" ou um "turista permanente" possuía, assim, mais valor do que um simples "turista", já que esse, ainda que apreciasse o morro e tivesse dele uma imagem positiva, buscava apenas a fruição estética e não estabelecia vínculos sociais duradouros com seus habitantes. A categoria "de fora" era a mais desvalorizada e não designava apenas quem não morava no morro: referia-se tanto a quem tinha do morro uma imagem negativa, que o associava à favela, quanto a moradores classificados como portadores de suas características sociais.

No período entre novembro de 2007 e abril de 2008, em que dividi o aluguel da casa de Antônio e concentrei o trabalho de campo na parte alta do morro, fui cerca de 20 vezes ao bar do Sérgio, a maioria delas durante alguma festividade ou acompanhada de moradores "novos". O bar ficava mais cheio durante a semana, no início da noite, e nos almoços do fim de semana, quando Dona Regina servia porções empratadas de lasanha, baião de dois ou estrogonofe, que a vizinhança reservava com antecedência. Entre seus frequentadores diários, predominavam os homens com idade superior a 40 anos. As mulheres que faziam parte das famílias desses frequentadores iam somente acompanhadas dos maridos, pais ou filhos, e principalmente nas festas e nos almoços de fim de semana.

Muitas das narrativas que escutei dos frequentadores do bar sobre os espaços do morro e sua vizinhança confirmavam o medo de uma possível contaminação social e moral, oposta à sensação de "segurança" que buscavam construir. Esse medo era entendido como uma ameaça externa ao morro, de pessoas "de fora", verbalizado através das categorias nativas "perigo" e "vício" e condensado na figura distante do "bandido" ou próxima do "favelado". Sua movimentação estruturava as regras de conduta moral voltadas para os usos dos espaços da parte alta, principalmente em relação às condições de moradia e às divisões de gênero, definindo o imaginário do que seria uma "boa vizinhança".

Entre as narrativas de "perigo" e "vício", as mais correntes se referiam ao uso de alguns espaços do morro para o consumo de drogas por jovens moradores e às tentativas de implantação de um tráfico de drogas com o apoio do Comando Vermelho, organização que atuava no Morro da Providência. Havia o boato de que os narcotraficantes desse morro queriam ocupar "terrenos baldios" da ladeira João Homem com pontos de consumo, e que alguns desses terrenos eram utilizados por "mendigos" da região, outro tipo de habitante considerado indesejado.

As "casas vazias" e "terrenos baldios" da parte alta, devido a esses usos classificados como "criminosos" e "irregulares", eram espaços liminares e constantes motivos de preocupação e acusações morais. Um dos frequentadores do bar do Sérgio contou que várias casas ao lado do bar do Geraldo haviam sido ocupadas irregularmente por "paraíbas", unindo assim, na mesma narrativa, condições de moradia e uma categoria acusatória sobre a procedência nordestina dos moradores considerados indesejados. Outro frequentador informou que havia um sobrado na rua Jogo da Bola, na altura do bar do Beto, sendo utilizado como "casa de cômodos" e produzindo escândalos, brigas e discussões.

Algumas falas também indicavam haver, no trecho da rua Jogo da Bola próximo ao bar do Sérgio e à capela, um maior controle social exercido por seus moradores. Um deles contou que certa vez um jovem passava em frente ao bar fumando maconha quando foi repreendido alto: "Aqui é a Jogo da Bola, vai fumar baseado em casa!". Este mesmo controle também ocorreu na inibição da construção de um "barraco" na pedreira que margeava a travessa Coronel Julião, via de conexão entre a rua Jogo da Bola e a Senador Pompeu. Alguns frequentadores do bar teriam se reunido e avisado aos indesejados moradores que, se continuassem a construção, derrubariam a casa, o que resultou na sua interrupção.

A "prostituição" era outra categoria acusatória igualmente utilizada no estabelecimento de um rígido padrão moral de conduta e na separação dos espaços da parte alta do morro entre "femininos" e "masculinos". O código moral tácito era de que os bares eram um espaço predominantemente masculino, e um morador já tinha ouvido outro dizer explicitamente que considerava "prostituta" a mulher que frequentava bar.

Outro morador narrou também que um dia observava um menino brincar na pracinha e, como ele estava fazendo muita bagunça, sua avó o repreendeu, dizendo que parecia que a mãe dele "morava na praça Mauá", aludindo às atividades de prostituição do local. Essa divisão nas formas de estruturar os espaços por meio da oposição "masculino" e "feminino" se apresentava como um princípio de organização e inteligibilidade, permitindo uma sensação de diferenciação social dos que classificavam como pessoas "de fora".

Os múltiplos sentidos da "festa da padroeira"

A "festa da padroeira" era organizada anualmente pela capela e tinha como ápice a procissão em homenagem à Nossa Senhora da Conceição. Bienalmente, no mesmo fim de semana de dezembro em que ocorria a festa, artistas plásticos da parte alta também realizavam o Projeto Mauá, no qual abriam seus ateliês para o grande público. Poucos dias após conversar com Guenther sobre o projeto na roda de samba da Pedra do Sal, soube de uma de suas reuniões de preparação através de um contato telefônico com o historiador Mário, outro amigo do casal Martin e Alessandra.

O encontro ocorreu no Observatório do Valongo da UFRJ, localizado no topo da ladeira Pedro Antônio. Interligada por meio de travessas às ruas Jogo da Bola e Senador Pompeu, a ladeira fazia uma mediação espacial entre a parte alta do morro e o Centro da cidade.[45] O observatório ficava protegido por um portão vazado de ferro de cerca de três metros, e a passagem de pessoas e carros era vigiada por uma guarita. À esquerda desse portão, um caminho de terra rodeado por vegetação alta e sacos de lixo conduzia ao Jardim Suspenso

---

[45] Entre as ruas do Acre e Senador Pompeu, trechos das ruas Leandro Martins, dos Andradas, Júlia Lopes Almeida e da Conceição delimitavam o lado da base do morro voltado para a área central. Não havia qualquer acesso que interligasse essas ruas às vias médias e altas do morro, todos os fundos de suas edificações eram voltados para uma pedreira que se estendia até a vasta área da Fortaleza da Conceição. As ruas eram em sua maioria ocupadas por sobrados, com exceção da rua Leandro Martins, onde predominavam os prédios altos. Alguns andares térreos eram utilizados como depósitos de bebidas, botequins, estacionamentos de carros e venda de material de escritório. Havia ainda um comércio especializado em atividades gráficas, três "centros de lazer" utilizados como espaço de prostituição e um casarão ocupado pela igreja evangélica Deus é Amor.

do Valongo. Dentro do observatório, havia uma área de circulação com cuidadoso projeto paisagístico e um prédio de dois andares que abrigava as aulas de astronomia.

Ao chegar para a reunião do Projeto Mauá, fui recepcionada por Carlos Rabaça, professor que coordenava a participação, pela primeira vez, da instituição no evento. Enquanto caminhávamos pelo campus, ele contou que frequentava o morro havia 10 anos, no início como aluno do observatório e, depois, como professor. Ao pararmos em frente a um muro baixo voltado para a rua Senador Pompeu, Carlos me mostrou a proximidade dos morros da Conceição e do Livramento, separados apenas pela rua Camerino. Destacou que ambos não eram "favelas" e, em seguida, apontou o extenso e populoso Morro da Providência, fisicamente contíguo ao do Livramento, dizendo ser o único da Zona Portuária que considerava favela.

Ao comentar o que seriam as mazelas do Morro da Conceição, Rabaça falou que o caminho de terra rente ao muro do observatório era "desocupado e perigoso" e que funcionários da universidade já haviam encontrado ali um cadáver e estudantes fumando maconha. Em seguida, mostrou uma "construção irregular" ao lado da guarita, contando que a casa pertencia à universidade, mas tinha sido ocupada pela família de um antigo segurança após sua aposentadoria. Mas ressalvou que a universidade já tinha expulsado alguns moradores e demolido um "puxadinho" no entorno do observatório, embora não tivesse conseguido solucionar todas as irregularidades do entorno. Segundo Rabaça, os moradores consideravam irregulares todas as casas de tijolos aparentes construídas no topo da ladeira Pedro Antônio e na travessa Joaquim Soares, chamando pejorativamente seus ocupantes de "sem-terra", em alusão ao movimento de camponeses que pleiteava a reforma agrária. Mas, quando se referia aos "moradores", falava nitidamente das famílias tidas como tradicionais da parte alta, se colocando como uma espécie de porta-voz de suas formas de classificar os demais habitantes e moradias do morro.

Três professores do observatório, sete artistas plásticos, dois historiadores e um filósofo participaram da reunião do Projeto Mauá, conduzida por Rabaça e pelo gravurista Marcelo Frazão. O primeiro assunto da pauta foi a consulta da "comunidade" sobre a possibilidade de inclusão da procissão no material de divulgação do projeto que seria enviado à imprensa. Para não haver concorrência entre os dois eventos, combinaram que todos os ateliês ficariam fechados durante o percurso da santa. Também manifestaram o desejo de que essa festividade, considerada integrante da tradição católica e portuguesa do morro, fosse incrementada para atrair mais visitantes. Decidiram então que entrariam em contato com seus organizadores, Frigideira e Seu Luizinho, para propor que os moradores da rua Jogo da Bola pendurassem tecidos coloridos nas janelas de suas casas, remetendo, segundo suas falas, às "festas de padroeira do interior do país", o que reforçaria seu apelo como "manifestação popular".

Outro assunto da pauta foi a seleção de filmes que seriam exibidos no observatório durante o evento. Foi unânime a decisão de projetar o documentário *Morro da Conceição...*,[46]

---

[46] Lançado nos cinemas cariocas em 2005, o documentário *Morro da Conceição...*, de Cristiana Grumbach, abordou como tema principal a memória de oito moradores "mais velhos, com idades que chegam a 97 anos, nascidos no morro e filhos de portugueses", como informava sua sinopse, disponível em: <www.crisisprodutivas.com.br>. Nos depoimentos desses idosos, foram presentificadas as lembranças sobre a chegada de seus antepassados ao morro, a transmissão de práticas religiosas e recreativas, os casamentos, nascimentos e mortes que marcaram suas vidas, e as transformações físicas e eventos do morro e da cidade que vivenciaram.

sobre as memórias de alguns moradores idosos descendentes de portugueses, mas prontamente recusada a proposta do historiador Marcelo de projetar um curta-metragem de sua autoria sobre uma "favela carioca". O argumento era de que nem o evento nem o morro deveriam ficar associados à ideia de favela, confirmando assim o medo difuso entre parte dos moradores de que a proximidade espacial com o Morro da Providência se consolidasse no imaginário da população da cidade como um estigma.

E foi também esse medo, conjugado ao desejo de atrair um público de classe média e alta para o projeto, que fez com que, no debate sobre as estratégias de sua divulgação na imprensa, a maioria decidisse que seriam enviadas notas sobre a programação do evento aos jornais *O Globo* e *Jornal do Brasil* e à revista *Veja*, mas não ao jornal *O Dia*, de perfil popular. Ao fim da reunião, os organizadores do projeto confraternizaram no bar do Sérgio, confirmando a importância dos espaços da parte alta nas relações de vizinhança.

Alguns dias depois, conversei com Marcelo, historiador que durante a reunião do projeto tinha proposto pensar os

---

Na semana de lançamento, o filme recebeu críticas positivas nos jornais *O Globo* e *Jornal do Brasil*, na revista *Veja Rio* e em sites especializados em cinema. Ele também foi divulgado através de um encarte que continha breves resenhas laudatórias elaboradas por diversos especialistas, entre eles Nina Rabha, idealizadora do Porto do Rio e do ProRio. Nessas críticas jornalísticas e resenhas, no entanto, muitas vezes não foi absorvida a sutil distinção entre o recorte arbitrário da realidade produzido pela cineasta e a diversidade sociocultural dos que habitavam o morro. E o que deveria ser a representação de uma pequena parte de seus moradores se tornou a representação do todo, ou seja, em alguns descendentes de portugueses foi visto o "povo" e o "patrimônio imaterial" do Morro da Conceição. Para uma análise detalhada do contexto de filmagem e da construção narrativa do documentário, ver Guimarães (2009).

espaços do morro para além da oposição "morador" *versus* "favelado". A conversa se iniciou na casa de Antônio e se estendeu para o bar e restaurante Glória, localizado na esquina da rua do Acre com a travessa do Liceu, na base da ladeira João Homem. De dia, esse bar integrava o comércio voltado para a alimentação dos trabalhadores do Centro e, à noite, ficava na área periférica de prostituição da praça Mauá. Essa alternância de tempos e usuários fazia do bar um dos espaços de mediação entre as diferenças da região.

Antes de se mudar para o morro, Marcelo alugava um apartamento no Grajaú, bairro da Zona Norte da cidade, mas reclamou de ter acesso difícil aos cinemas e de receber poucas visitas de amigos, que moravam quase todos na Zona Sul. Queixou-se também de no bairro só haver um bar e de sentir falta da convivência que o espaço possibilitava. Suas relações com os habitantes do Morro da Conceição tinham sido travadas a partir da circulação por diferentes espaços. A primeira incursão ao morro tinha se dado em 1995, durante visita guiada realizada por um professor de História. Depois, retornou três vezes ao bar do Sérgio e manteve uma frequência mais assídua aos ensaios do bloco Escravos da Mauá no largo de São Francisco da Prainha.

Quando decidiu procurar uma casa nos arredores do Centro, em 2005, Marcelo voltou ao bar do Sergio e soube que Seu Luizinho era proprietário de casas na parte baixa do morro e no setor da rua Jogo da Bola próximo à pracinha, mas que não alugava "para qualquer um" e exigia a apresentação de um fiador. Sem ter um contato mais próximo com os moradores da parte alta, acabou por alugar uma casa na ladeira Pedro Antônio, encontrada a partir de um anúncio imobiliário afixado na fachada. Embora Marcelo não tenha precisado da mediação da vizinhança para conseguir alugar a casa, a imobiliária também exigiu fiador, demonstrando que aquela parte economicamente menos valorizada do morro possuía suas regras de inquilinato. Com três quartos, a casa abrigou ainda dois amigos dele dos tempos de faculdade: Mário, que também participava do Projeto Mauá, e Érika, que compôs a equipe de elaboração do laudo de identificação do Quilombo da Pedra do Sal.

A participação de Marcelo na vizinhança da rua Jogo da Bola tinha sido possibilitada principalmente pelo bar do Sérgio, pois, logo que ele se mudou, Dona Regina o apresentou aos frequentadores assíduos. Mas, segundo ele, do jogo do aliado participavam apenas os "mais velhos" e seus filhos, ficando excluídos os "de fora" e as crianças. Marcelo havia percebido ainda que seus frequentadores não circulavam por outras partes do morro: eram alguns dos moradores da ladeira João Homem e da parte baixa que se deslocavam para o bar. Eles também não consideravam os moradores da ladeira Pedro Antônio e parte da vizinhança das ruas da Conceição e Senador Pompeu como "moradores do morro", mas do Centro da cidade. Ou seja, para eles, os limites geográficos do Morro da Conceição não equivaliam a seus limites sociais.

Marcelo conheceu os artistas do Projeto Mauá através de Guenther, um dos frequentadores assíduos do bar do Sérgio. Comentou que vários dos envolvidos no projeto eram proprietários de suas casas e que já tinha ouvido frequentadores do bar falarem que o consideravam de "alto nível". Mesmo não desejando atuar no morro como "pesquisador", se envolveu na organização por avaliar que o projeto não geraria a atração de novos moradores e poderia estimular o investimento da Prefeitura nas ruas Senador Pompeu, da Conceição e do Acre, que considerava "abandonadas", "sujas" e "sem iluminação". Mas relatou que, em outro encontro de preparação do projeto, uma proposta sua tinha sido novamente recusada: a de organizar um debate com o historiador Júlio César Pereira sobre o mercado e o cemitério de escravos na Zona Portuária. Sua intenção era fazer um contraponto à memória de ocupação do morro pela Vot, que seria exposta em uma casa no adro de São Francisco, e apoiar indiretamente os integrantes do Quilombo da Pedra do Sal. Pois, embora Marcelo considerasse o pleito étnico "um pouco exagerado", achava inegável a ligação histórica dos negros com a Zona Portuária e conhecia parte das famílias despejadas pela entidade católica, afirmando que algumas ocupavam os imóveis havia mais de 70 anos.

No primeiro fim de semana de dezembro, a parte alta do Morro da Conceição iniciou as festividades em comemoração ao dia de Nossa Senhora da Conceição. Na tarde de sexta-feira, foram inauguradas exposições coletivas de fotografia e artes plásticas nos sobrados da Casa de Cultura da Vot e do Centro Cultural da Associação de Servidores da Justiça Federal. Mas foi no sábado que as atividades se intensificaram, com a abertura dos ateliês de artes plásticas e do Observatório do Valongo, a formação de grupos para visita guiada sobre os aspectos arquitetônicos e históricos do morro e a disputa do campeonato de futebol por moradores e militares da fortaleza.

As visitas guiadas foram realizadas por Marcelo e Antônio, que combinaram como ponto de encontro o início da avenida Rio Branco. O grupo de visitantes foi composto por cerca de 20 pessoas, entre arquitetos, psicólogos, guias turísticos, jornalistas e cientistas sociais que tomaram conhecimento do evento através de notas no jornal *O Globo*, *Jornal do Brasil* e revista *Veja*, ou por e-mails enviados pelos organizadores.

Os guias iniciaram a visita narrando a origem da cidade e a ocupação dos portugueses nos morros da Conceição, do São Bento, de Santo Antônio e do Castelo. Depois, conduziram o grupo pela ladeira João Homem, parando para conversar com Seu Félix e no bar do Geraldo. No topo do morro, visitaram a Fortaleza da Conceição, o Palácio Episcopal, o mirante voltado para a Igreja de Santa Rita e, na rua Jogo da Bola, pararam no bar do Sérgio, na capela e na pracinha. Caminharam para o Observatório do Valongo e, no muro voltado para o Morro da Providência, comentaram sobre o surgimento da "primeira favela do Rio de Janeiro". Desceram então para a Pedra do Sal, onde narraram a presença do samba na região e a existência do movimento quilombola, e encerraram a visita no adro de São Francisco e na Casa de Cultura da Vot, onde exibiram dois mapas com os aterramentos da orla da baía de Guanabara no início do século XX.

O extenso roteiro de visita abrangia, portanto, todos os bens preservados pelos órgãos patrimoniais, e os espaços de sociabilidade dos moradores da parte alta que tinham sido importantes para que Marcelo e Antonio se inserissem na vizinhança. Incluiu ainda alguns espaços e patrimônios tidos por essa mesma vizinhança como "perigosos" ou "irregulares", como o Morro da Providência e a Pedra do Sal. Em suas falas, no entanto, tais espaços e habitantes foram apresentados de forma positiva, como parte das características do morro e de uma autenticidade relacionada à sua "diversidade cultural", experiência "popular" ou "história negra".

A proposta inicial era de que as demais visitas guiadas seguissem esse mesmo roteiro. Contudo, a movimentação de pessoas no morro estava esparsa e, a partir da segunda visita, os artistas solicitaram a Marcelo e Antônio que seus ateliês fossem priorizados durante o percurso. Por conta da amizade com os artistas, eles aceitaram a solicitação, embora tenham ficado um tanto frustrados com a alteração.

Seis ateliês estavam localizados na ladeira João Homem e dois na rua Jogo da Bola. Durante os três dias de Projeto Mauá, foram identificados por *banners* com a logomarca do evento, que misturava placas de sinalização de algumas das vias do morro. Os artistas distribuíram as obras pelos cômodos de suas casas, vendendo-as com preços que variavam entre 200 e 5 mil reais. Mas os objetos mais comprados pelos visitantes foram adquiridos por quantias módicas e remetiam principalmente às experiências de caminhar pelos logradouros do morro e de participar da procissão, sendo delas um suvenir:[47] camisetas e canecas com a logomarca do projeto e caixinhas de fósforo decoradas com a imagem de Nossa Senhora da Conceição.

Por volta das 16 horas, os artistas fecharam os ateliês, e as visitas guiadas e atividades do observatório foram suspensas para a passagem da procissão. No interior da capela, flores enfeitavam os bancos, jovens músicos preparavam-se para os cantos litúrgicos e afinavam seus instrumentos, e três andores ornados com flores sustentavam imagens esculpidas em gesso de Nossa Senhora da Conceição, São Sebastião e Jesus Cristo. Do lado de fora, homens montavam três mesas de alumínio na calçada, enquanto mulheres distribuíam fo-

---

[47] Ao discutir a relação entre experiências turísticas e suvenires, Susan Stewart problematiza a capacidade que esses objetos teriam de evocá-las, já que nunca conseguiriam alcançar uma representação completa daquilo que pretendem mediar. Para a autora, é justamente o fato de o objeto ser uma codificação pela linguagem de uma experiência distanciada — um sistema onde a significação "opera não de objeto para objeto, mas além dessa relação, metonimicamente, de objeto para evento/experiência" (1984:136) — que o torna capaz de evocar uma lembrança de um tempo ou lugar invisível, sem, no entanto, jamais recuperá-lo por inteiro.

lhetos com os cânticos que seriam entoados e várias velas envoltas por copinhos de plástico, para que as chamas não se apagassem durante o percurso. Acomodados em cadeiras de praia, alguns idosos assistiam ao movimento. No bar do Sérgio, visitantes e moradores conversavam. Não foram pendurados tecidos coloridos nas janelas, indicando que havia tido pouca ressonância entre os moradores a proposta feita pelos organizadores do Projeto Mauá de modificar a paisagem da rua durante a festa.

A programação era que a procissão saísse da capela, percorresse a rua até o largo da Santa, seguisse pela ladeira João Homem e retornasse ao largo para a realização de uma missa campal. Mas, no momento de saída da procissão, uma família de moradores iniciou sua mudança de residência, ocupando, na altura do bar do Beto, mais da metade da estreita rua com um pequeno caminhão de frete, onde estavam acomodados seus móveis e pertences. Passando por eles, ouvi então a moradora em mudança reclamar que os organizadores da procissão tinham falado para ela retirar o caminhão para que "a santa passasse", mas que ela tinha respondido para "passarem por cima". Ao comentar o incidente com Antônio, ele me explicou que existia na rua Jogo da Bola uma convenção criada por "moradores antigos" segundo a qual as mudanças só poderiam ocorrer aos sábados. Assim, a moradora estava aborrecida por já estar cumprindo uma norma sobre os usos dos espaços da parte alta do morro criada pelos mesmos que organizavam a procissão.

O impasse durou alguns minutos, até que o caminhão foi retirado da rua. Desobstruído o caminho, o padre da Igreja de Santa Rita, paróquia da qual a capela fazia parte e que era responsável pela reza de suas missas dominicais, conduziu a procissão. As imagens esculpidas dos santos saíram lentamente da capela, enquanto cerca de 60 pessoas, entre moradores e visitantes, se alinharam nas calçadas e jogaram pétalas de rosas, convertendo simbolicamente a rua em um espaço religioso. Junto aos santos, alguns moradores se apresentaram especialmente vestidos para o desempenho de suas funções rituais: uma menina se vestiu de branco com asas e auréola de anjo; quatro mulheres trajando sobre os ombros uma veste curta de tecido azul com fita dourada aplicada na borda carregaram o andor de Nossa Senhora da Conceição; e dois grupos de quatro homens trajando sobre os ombros uma veste de tecido vermelho com fita dourada carregaram os andores de São Sebastião e de Jesus Cristo.

O cortejo composto majoritariamente por mulheres e crianças rumou em direção ao largo da Santa sob os olhos atentos de jornalistas, fotógrafos e pesquisadores. A imagem de Nossa Senhora da Conceição seguiu à frente da procissão, se tornando para os moradores católicos não apenas uma mediadora de suas relações entre o "céu" e a "terra", mas também um símbolo de seu patrimônio no morro. No entanto, quando saiu da capela, ao mesmo tempo que foi investida de poder icônico, a santa ficou exposta aos riscos que a circulação trazia: afinal, nem todos os moradores e visitantes do morro eram católicos e suas vias, mesmo consagradas pelas pétalas, continuavam polifônicas em seus usos.

Foi com essa possibilidade de ser confrontada por outros valores e crenças que a santa se deparou quando a procissão dobrou a curva da muralha da fortaleza, que impedia a visão do largo da Santa. Os devotos se surpreenderam ao ver que o caminhão de frete tinha sido estacionado ao pé do mastro que elevava a imagem de Nossa Senhora da Conceição, subvertendo o espaço de celebração da missa campal. Em torno do caminhão não havia qualquer responsável pela mudança que pudesse ser convencido a retirá-lo, apenas uma criança sorria deitada debaixo do veículo.

Tal objeto de uso ordinário foi, naquele momento, capaz de macular o que seria o dia mais glorioso da santa, transformando-se também em um ícone: o dos moradores que não se atribuíam o patrimônio que a procissão celebrava, fosse por não serem católicos ou por não se identificarem com as práticas dos que se classificavam como "moradores antigos". Assim, ao portar em sua simbolização a ideia de transitoriedade, mudança e contingência, o caminhão de frete potencializou sua afronta àquele ritual "tradicional" que buscava afirmar a permanência ao longo dos anos de algumas famílias no morro.

Um clima de tensão formou-se e, após os participantes da procissão pararem por alguns minutos no largo da Santa e cochicharem entre si, decidiram seguir improvisadamente para a ladeira João Homem. Chegando na altura do bar do Geraldo, no entanto, outro limite foi imposto ao trajeto da santa: vários homens sem camisa faziam churrasco, bebiam cerveja e carregavam troféus e medalhas em comemoração ao fim do campeonato de futebol disputado pela manhã na quadra do Exército. Essa informalidade, unida ao senso agonístico e profano materializado nas medalhas, troféus, alimentos e bebidas, se contrapôs novamente à circulação dos poderes religiosos e icônicos da santa. No entanto, tais objetos não portavam, como no caso do caminhão de frete, a intenção de confrontar os organizadores da procissão. Ao movimentarem outros valores e sociabilidade, apenas impunham um limite aos espaços de ressonância do patrimônio católico da parte alta do morro.

Diante de tais fronteiras espaciais e sociais, os participantes da procissão retornaram para celebrar a missa na capela, possibilitando que os santos ficassem novamente protegidos dos riscos inerentes à circulação em espaços múltiplos em usos e significados.

Após a missa, um grupo de músicos de chorinho composto por alunos do observatório realizou uma apresentação em frente à capela e de grande impacto sonoro por causa do uso de amplificadores. Essa apresentação manteve cerca de 50 pessoas, entre visitantes e moradores, aglomeradas durante a noite em frente ao bar do Sérgio. Mas, apesar de ele saber que haveria uma intensificação de visitantes naquele fim de semana, não fez qualquer pedido extra do suprimento de cerveja, que acabou rapidamente. A falta da bebida fez com que o bar parasse as atividades uma hora antes do usual e todos fossem embora, para desgosto dos organizadores do Projeto Mauá. Assim, a propriedade familiar do bar auxiliou no controle dos usos "tradicionais" dos espaços da parte alta nesse dia de maior movimento de "turistas", indicando que as relações entre artistas e tradicionais eram permeadas por alianças e também por tensões sobre os usos que desejavam para o morro.

No domingo, o movimento de visitantes diminuiu, confirmando que a procissão de Nossa Senhora da Conceição era a principal atração daquele fim de semana no morro.[48]

O documentário *Morro da Conceição...* foi exibido no observatório, fazendo com que seu impacto na vizinhança da parte alta fosse rememorado. Durante a roda de samba realizada à noite no bar do Geraldo, Abílio, "nascido e vi-

---

[48] Em 2009, essa festa de Nossa Senhora da Conceição foi inventariada como "patrimônio imaterial" pelo Iphan/RJ, confirmando a atenção que a cultura e a religiosidade da "comunidade portuguesa" do morro estavam recebendo das políticas patrimoniais e turísticas e da população da cidade. Sobre a realização desse inventário, ver Carneiro (2011).

vido" na ladeira João Homem e pertencente a uma família que descendia parcialmente de portugueses, opinou que a cineasta tinha sido parcial na representação dos moradores, pois, ao entrevistar apenas idosos descendentes de portugueses, tinha excluído a "mistura" das origens familiares. Nas palavras de Abílio: "português mesmo, aquele que veio de Portugal, isso não tem mais no morro desde a década de 1970, quando a Revolução dos Cravos fez com que os portugueses parassem de vir para cá. Aqui já está todo mundo misturado". No entanto, como será abordado mais adiante, a percepção de que o morro era diverso em suas características socioculturais era uma das principais distinções entre os "antigos" da ladeira João Homem e os da rua Jogo da Bola.

Não apenas durante as festividades da padroeira, mas ao longo de todo o período de pesquisa, as práticas turísticas mobilizaram diferentes concepções sobre os usos do morro, se mostrando uma constante preocupação tanto de moradores "novos" como de "antigos". Alguns dias após o Projeto Mauá, conversei com dois artistas plásticos, e encontrei também entre os que tinham aberto seus ateliês distinções na forma de vivenciar profissionalmente e residencialmente os espaços do morro.

Frazão tinha sido um dos principais organizadores do projeto e me recebeu no primeiro andar de sua casa, na ladeira João Homem, onde instalou um ateliê de gravuras. Tinha morado sempre em edifícios de Copacabana, mas, ao decidir expandir o ateliê, começou a procurar uma casa maior e com custo mais baixo que nos bairros da Zona Sul. A primeira opção foi Santa Teresa, bairro da área central da cidade onde moravam amigos que organizavam o evento Santa Teresa de Portas Abertas, precursor carioca na abertura de ateliês para visitação pública. Mas Frazão desistiu por achar os preços do bairro muito altos. Sua segunda opção foi o Morro da Conceição, que conheceu através do escultor Claudio Aun, também morador da ladeira João Homem e participante do Projeto Mauá. Auxiliado por sua rede de relações profissionais, Frazão soube da venda da casa, que já era utilizada de forma mista como residência e ateliê. A propriedade estava com toda a documentação regularizada, o que facilitou a compra a partir de crédito de financiamento bancário.

Em 1998, Frazão se mudou para o morro; dois anos depois, começou a oferecer oficinas de gravura. Em seguida, passou a organizar o Projeto Mauá, concebido como bienal e semelhante ao evento de Santa Teresa, com a exposição e venda de peças de artistas que residissem ou possuíssem ateliês localizados no morro. No entanto, em 2003 o projeto passou por uma discussão conceitual: Claudio Aun e o pintor Paulo Dallier propuseram incluir expositores não vinculados ao morro, mas que em suas avaliações atrairiam um público maior. Frazão se posicionou contra esse modelo, que chamou de "galeria de arte", e não abriu seu ateliê. Essa edição do projeto, segundo ele, foi um fracasso, fazendo com que todos concordassem em voltar a organizar o evento apenas com "artistas do morro". Opondo essas duas categorias, "galeria de arte" e "artistas do morro", Frazão buscava ressaltar a arbitrariedade que percebia na exposição de obras não relacionadas socialmente ao seu local de produção, afirmando que poderiam estar expostas em qualquer outro lugar. E, assim, percebia o morro como um espaço a ser valorizado por sua "autenticidade" cultural, buscando remeter os visitantes do projeto à apreciação do que nele seria único: a produção artística de seus habitantes.

Apesar de considerar que o Projeto Mauá poderia incentivar a especulação imobiliária e o aumento do fluxo de visitantes no morro, Frazão considerava seu modelo mais cuidadoso do que outras iniciativas de valorização turística. Como exemplo do que seriam práticas negativas, citou os guias que cobravam para levar visitantes ao morro: segundo ele, suas visitas eram feitas "com pressa" e tratavam pessoas e fachadas "como zoológico", sem pedir autorização para fazer fotografias ou circular nas vias.

Sobre a ausência no evento do "movimento quilombola" ou da memória da ocupação negra na região, Frazão falou que tais referências tinham sido excluídas por causa do apoio que estavam recebendo da Vot. Em sua opinião, os despejos faziam parte das relações entre "inquilinos" e "proprietários" do morro, e, como a entidade católica era a proprietária dos imóveis, podia dispor deles da maneira que desejasse. Além disso, considerava que a área reivindicada como território étnico nunca havia sido um "quilombo" e que a proposta do movimento era "racista". Mas essa percepção devia-se a sua não estruturação dos espaços do morro através da oposição de "negros" e "brancos", como propunham as famílias que pleiteavam o reconhecimento étnico. As classificações de espaços e habitantes que haviam encontrado mais ressonância em Frazão eram relacionadas às condições de moradia, que opunham noções como "regular" *versus* "irregular" e "proprietário" *versus* "inquilino". O que não significava que todos que haviam participado do Projeto Mauá compartilhassem de seus valores e opiniões.

Uma das artistas que tinha percepções bastante distintas das de Frazão era a pintora Helenice Dornelles, moradora de uma casa no largo da Santa. Helenice tinha se mudado para o morro havia apenas um ano e estava frustrada com a nova moradia. A pintora nasceu em Santa Maria, no estado do Rio Grande do Sul, e tinha morado durante 12 anos em Nova

York, onde trabalhou confeccionando bolsas e pintando quadros. Ao retornar ao Brasil, construiu uma casa em Búzios, balneário fluminense, mas se separou do marido dois anos depois. Conheceu então o morro através do amigo Frazão e decidiu se mudar com a expectativa de construir novas relações de trabalho e amizade.

Mas alguns fatores a desagradaram. Helenice achou a Zona Portuária muito "isolada" do resto da cidade e as ruas do entorno "sujas" e "abandonadas". As relações de vizinhança também haviam lhe causado descontentamento, por não conseguir fazer amigos e achar a "vida cultural" desanimada. Em tom de ironia, comentou que muita gente tinha ido morar no morro porque gostava da ideia de estar em uma "comunidade" e de conversar com moradores "antigos" como Seu René. Mas seu desejo era se mudar logo para Copacabana e voltar para "o meio do agito", o que fez poucos dias depois de nossa conversa. Em sua fala, Helenice invertia, portanto, os valores divulgados pelo Projeto Mauá, classificando de forma negativa como "isolamento" e "desanimação" o que muitos consideravam sinônimo de tranquilidade, intimidade e autenticidade.

Os "de dentro" da rua e os "misturados" da ladeira

Entre os moradores "antigos" da parte alta do morro, pode-se dizer, grosso modo, que as opiniões sobre os projetos "turísticos" e "culturais" que estavam sendo desenvolvidos no morro variavam de acordo com os espaços habitacionais: muitos dos moradores da rua Jogo da Bola valorizavam a tradição portuguesa e católica e queriam manter a formação da vizinhança entre os "de dentro"; já os da ladeira João Homem valorizavam suas "misturas" e buscavam trocar com habitantes de diferentes espaços do morro e da cidade. Essas categorias movimentavam diversos aspectos morais, sociais, legais, econômicos e estéticos, fazendo com que, dentro da dinâmica de relações da parte alta, esses espaços se apresentassem como opostos e complementares.

Um dos moradores da ladeira que vivenciava o morro privilegiando suas trocas com outros espaços e habitantes era Frigideira, responsável pela organização de diversas atividades recreativas. Em conversa no bar do Geraldo, contou que, quando nasceu, seu pai morava no morro e sua mãe em Caxias, município da Baixada Fluminense. Quando ele tinha cinco anos de idade, ela ficou doente e o deixou aos cuidados do pai, que era descendente de portugueses. De sua juventude no morro, Frigideira recordava com afeto das festas juninas e de São Cosme e Damião, dos campeonatos de futebol, da Banda da Conceição e das boates da rua Sacadura Cabral. Quando adulto, trabalhou durante 10 anos em uma seguradora e outros 10 anos como conferente no porto. Considerava que o trabalho portuário tinha lhe dado "esperteza", porque o havia feito conseguir circular por qualquer lugar e se relacionar com todos, "fazendo de conta" que não via nada nem sabia de nada, em uma referência às práticas ilícitas ou clandestinas.

Ao falar sobre a vizinhança da ladeira João Homem, Frigideira a opunha à da rua Jogo da Bola, se referindo especialmente ao bar do Sérgio. Segundo ele, "antigamente" os campeonatos de futebol eram realizados com o enfrentamento de dois times: o da Conceição, em que jogavam os moradores da rua; e o da União, formado pelos da ladeira. Nessa época, a "tradição espanhola e portuguesa" era muito mais forte no morro e os moradores da rua Jogo da Bola eram "fechados" e "filhinhos de papai". Como exemplo, Frigideira disse que quando Odílio, pai de Sérgio, comandava o bar, não se podia nem jogar "porrinha", jogo de palitos organizado por rodadas de apostas. E, até poucos anos antes, os moradores da rua não gostavam de samba nem frequentavam os ensaios do bloco Escravos da Mauá. Com o passar do tempo, muitos desses moradores se mudaram e o "pessoal de lá" ficou mais "aberto", acabando com a divisão que existia entre a parte alta do morro.

A rearticulação da Banda da Conceição era, naquele momento, o principal projeto que Frigideira tentava realizar. A banda havia sido extinta na década de 1970, e, para organizá-la novamente no carnaval de 2008, ele estava buscando o apoio de diversas pessoas e instituições. Para serem músicos da banda, Frigideira tinha combinado de oferecer cerveja aos bateristas da escola de samba Unidos da Tijuca, que ensaiavam na rua Venezuela, entorno do morro. Já o aluguel de um carro de som ele tinha acertado com o presidente do Sindicato dos Bancários, que se candidataria a vereador nas eleições de outubro e que já havia patrocinado os troféus do campeonato de futebol. A confecção das camisas do bloco tinha sido viabilizada com o recolhimento de contribuições entre comerciantes da região pelas "Frigiletes", que era como ele e outros moradores do morro chamavam duas moradoras do Valongo que costumavam ajudá-lo na organização das festividades. E ele tinha combinado com Frazão de tratar digitalmente algumas fotos familiares realizadas durante o desfile da banda no carnaval de 1975 para que fossem divulgadas como "imagens antigas" do morro. Pretendia ainda convidar Guenther para fazer as fotos do desfile daquele ano, sugerindo que as vendesse. Planejava também angariar mais recursos para a banda com a organização de ensaios no largo da Prainha e de bingos e feijoadas no Centro Cultural da Associação de Servidores da Justiça Federal.

Anos atrás, Frigideira havia participado da Associação de Moradores do Morro da Conceição, mas disse que, com o tempo, a entidade tinha se desarticulado. No entanto, pediu que não nos prolongássemos no assunto, porque as Frigiletes, que estavam em uma mesa ao nosso lado no bar do Geraldo, haviam feito parte da associação e eram amigas de sua ex-mulher, que era a antiga presidente. Disse que havia "interesses políticos" na rearticulação da banda, mas que ele controlava para não deixar que ninguém se aproveitasse de seu projeto.

Assim, a forma "misturada" de Frigideira pensar era operada nas atividades recreativas que organizava, das quais podiam participar moradores de diferentes espaços do morro e também do seu entorno. Não havia um conhecimento ou participação restritos, como no jogo do aliado, e Frigideira entendia positivamente sua própria circulação como "esperteza", pois permitia que falasse "com todo mundo" e realizasse seus projetos. Essa circulação, no entanto, era muitas vezes vista com parcimônia por outros moradores da parte alta, principalmente porque incluía também "políticos", categoria correntemente utilizada de forma acusatória para se referir tanto a representantes governamentais quanto a candidatos a cargos legislativos ou a habitantes que se colocassem como porta-vozes da vizinhança do morro perante instituições públicas ou privadas.

Dias depois, conversei com Luís, morador da rua Jogo da Bola que também estava participando da organização da Banda da Conceição. Nascido no município fluminense de Campo Grande e militante do Partido dos Trabalhadores, havia se mudado para o Rio de Janeiro em 1985, a fim de trabalhar no Sindicato dos Portuários. Ao se separar da esposa, em 2000, alugara a casa no morro. Nos últimos anos, Luís tinha se decepcionado com os "políticos" e considerava que o modelo das associações de moradores estava gasto por causa do crescente envolvimento dos partidos, explicando que a antiga associação do morro tinha sido bastante atuante durante um tempo, mas que a presidente usava a entidade para obter "benefícios pessoais". Como exemplo desse mau uso, contou que muitas vezes equipes de cinema ou de televisão gravavam no morro e os produtores procuravam a associação para autorizar a utilização de locações públicas. Mas o dinheiro pago nunca era revertido para "fins sociais", acabava repartido entre os integrantes da associação.

Gustavo, filho de Abílio e primo de Frigideira, comentou também durante uma conversa no bar do Sérgio uma das ações da extinta associação que tinha reprovado e que confirmava a rejeição que a figura do "político" possuía entre os moradores da parte alta. Disse que a praça Leandro Martins, que os moradores chamavam apenas de "pracinha", fora reformada por meio de uma mediação dos integrantes da associação. E que havia sido assim denominada para homenagear um falecido morador do morro que, segundo ele, "não era importante". Mas como sua filha tinha um "contato político" com a Prefeitura, havia conseguido impor o nome.

Também ouvi de outros moradores o "boato" de que essa antiga associação tinha ligação com o tráfico do Morro da Providência e estaria ajudando a implantá-lo no Morro da Conceição, fala anônima que era mais uma forma de controle dos espaços do morro, mas que, diferentemente de outras, unia as ideias do vício e do perigo a essa outra figura indesejada dos "políticos". Por causa dessa forma negativa de perceber a atuação dos "políticos" no morro, Luís, Marcelo e Frazão desistiram de continuar participando das reuniões de retomada da Banda da Conceição ao saberem que Frigideira receberia o patrocínio do candidato a vereador e colocaria o nome dele na camiseta da banda. Mas, apesar das divergências locais, a banda conseguiu se reorganizar e passou a ser mais uma das festividades associadas ao passado dos moradores da ladeira João Homem, se apresentando em outras atividades locais além do carnaval.

Poucos meses depois, outro grande evento atraiu visitantes ao morro, movimentando algumas variações na forma de os moradores da parte alta perceberem a figura do "turista" e do "político". Ainda durante o Projeto Mauá, fui apresentada por Frazão ao historiador de arte Rafael Cardoso, morador de um sobrado na rua Jogo da Bola. Ele estava começando a organizar um projeto de "intervenções de arte contemporânea" no morro, que seria realizado no segundo final de semana de abril de 2008.

Financiado com 100 mil reais pelo edital Arte e Patrimônio do Iphan,[49] o projeto selecionou 18 trabalhos de diversos artistas cariocas, divididos em três categorias: "novos", "consagrados" e "do morro". Ou seja, nele, o conjunto dos artistas plásticos sediados no morro não foram nem automática nem exclusivamente aceitos, anulando o sistema de autenticidade entre habitação e artefato cultural articulado pelo Projeto Mauá. A seleção dos artistas se referenciou principalmente no circuito profissional ao qual Rafael pertencia, e a categoria "artistas do morro" operou apenas uma media-

---

[49] O projeto de Rafael Cardoso havia sido encaminhado pela galeria de arte A Gentil Carioca, localizada na praça Tiradentes, e fora selecionado através de edital público junto com outros nove projetos distribuídos pelo país.

ção entre esse circuito e a noção de patrimônio do Iphan, que buscava conjugar as ideias de "patrimônio" e "arte" com a de "comunidade".

No mês de março, Rafael convocou os moradores da parte alta para uma reunião no salão da capela, com a intenção de expor as concepções do projeto e buscar adesões para a programação "extraoficial". Os poucos que apareceram se distribuíram em círculo pelos bancos do salão: quatro artistas que utilizavam o andar térreo do sobrado de Rafael como ateliê, mas que não frequentavam o bar do Sérgio nem participavam do Projeto Mauá; Renato Santana e Frazão, únicos integrantes do Projeto Mauá contemplados pelo projeto; dois artistas "novos" que não frequentavam o morro; e os moradores Frigideira, Mário, Abílio, Gustavo e Simone, filha de Seu René.

Rafael iniciou a reunião dizendo que morava no morro havia oito anos e que, até então, nunca tinha desenvolvido nenhuma ação junto à "comunidade", se referindo à vizinhança da parte alta. Mas, ao saber do edital do Iphan, achou importante inscrever uma proposta por considerar que o instituto não costumava investir nos bens tombados do morro. Afirmou que, diferentemente de Santa Teresa, o morro tinha "vocação" para a "cultura" e a "arte" mais do que para a "festa" e o "turismo". Assim, apresentou o desejo de incrementar a atuação patrimonial do Iphan, que a maioria dos moradores considerava punitiva e não incentivadora, e de atingir um público diferente do que pejorativamente era chamado de "turista".

Entre as instituições que participariam do evento, Rafael tinha conseguido o apoio do Observatório do Valongo e da Vot, que cederam seus espaços para comportar algumas das intervenções artísticas. A maior parte das intervenções, no entanto, ficou distribuída nos arredores do largo da Santa e da Pedra do Sal, já que o projeto pretendia privilegiar o uso dos espaços coletivos do morro. No fim de sua fala, Rafael informou que a Fortaleza da Conceição já tinha aderido à programação extraoficial, abrindo para visitação pública, e conclamou a participação da "comunidade: banda, bloco, pipoqueiro, cerveja no bar..." e dos demais artistas do morro. Explicou que, embora não pudesse incluir essas participações no orçamento do projeto, também seriam divulgadas na imprensa.

Abílio falou em seguida, reclamando de problemas que percebia estarem afetando o bom funcionamento do morro: o lixo e o entulho que os comerciantes depositavam na rua Major Daemon; a retirada de um ponto do jogo do bicho da base da ladeira João Homem, que assegurava que ali não fosse depositado lixo; e os caramujos africanos que se proliferavam no entorno da fortaleza. Apesar de não ser um representante governamental, Rafael se comprometeu a abordar essas questões em uma reunião que teria com a Secretaria Municipal de Urbanismo. Mas, ao afirmar que tentaria resolver problemas que extrapolavam o escopo do projeto, Rafael se aproximou da figura controversa do "político". Tal aproximação fez com que, logo depois, fosse confrontado com críticas aos planos urbanísticos da Prefeitura.

Mário perguntou qual era seu posicionamento em relação à possibilidade do afluxo de visitantes e da exposição midiática do projeto incentivar a alteração do perfil habitacional do morro. Mas, antes que Rafael respondesse, Abílio interveio, falando que havia moradores que gostavam e que não gostavam do movimento turístico, não existindo, portanto, uma única opinião da vizinhança sobre tais projetos. O debate se prolongou, mas não houve qualquer consenso, com os posicionamentos oscilando entre os que desejavam e os que temiam as transformações sociais. Assim, apesar de a reunião ter sido breve e ter contado com a presença de poucos artistas e moradores, suas falas movimentaram categorias, valores e dissensos correntes na vizinhança da parte alta.

Alguns dias antes do evento, conversei com Rafael em sua casa. Ele tinha nascido em Copacabana e, quando se casou, foi morar no bairro de Laranjeiras, também na Zona Sul da cidade. Doze anos depois, se separou e comprou a casa no morro, onde já frequentava eventualmente o bar do Sérgio. Rafael contou que sempre perguntava no bar se havia alguma casa para vender e que, em 1998, soube que Marco Aurélio estava vendendo o sobrado de dois andares. Mas considerou o imóvel muito "mal conservado": o andar de baixo era alugado para a Marinha e, segundo ele, durante alguns períodos era uma "cabeça de porco", que chegava a acomodar até 20 marinheiros.

Ao comprar o sobrado, passou dois anos refazendo o piso e a fachada. As obras custaram cerca de 100 mil reais, triplicando o investimento inicial de compra da casa, por 50 mil reais. Em sua avaliação, tinha sido principalmente a reforma da fachada que havia feito com que fosse bem-aceito pelos vizinhos. A história de aceitação de Rafael passava, assim, pelos valores da vizinhança relacionados às condições de moradia, pois, além de "proprietário", havia transformado em "regular" uma moradia classificada como "favelizada".

Durante os preparativos do projeto do Iphan, Rafael disse ter conhecido espaços e habitantes do morro com os quais nunca havia interagido, como os militares da fortaleza, os dirigentes da Vot e alguns moradores do topo da Pedra do Sal. Com sua circulação pelo morro, tinha também conseguido outras adesões à programação extraoficial do evento, como a Banda da Conceição e alguns artistas do Projeto Mauá. Só havia tido problema com o observatório, que tinha desistido de apoiar o evento após um desentendimento com um artista que ia expor em seu jardim. Em relação ao Quilombo da Pedra do Sal, Rafael disse que não conhecia seus integrantes nem sabia do conflito habitacional com a entidade católica. Achava que o quilombo que existia ali era uma "coisa meio folclórica", se referindo às rodas de samba que realizavam.

A circulação de Rafael por diferentes espaços e habitantes do morro e a mediação que realizava com órgãos governamentais, no entanto, não passaram despercebidas pela vizinhança da rua Jogo da Bola. Um morador da rua perguntou se ele pretendia, depois do projeto, se candidatar a algum cargo político. E, durante a divulgação da reunião no salão da capela, nos cerca de 40 cartazes que colou nos postes da rua, cinco haviam sido retirados e alguns pichados com o número "171". Esse número era uma referência ao artigo do Código Penal que definia o delito de estelionato, que, no senso comum, era associado à figura do "trambiqueiro", ou seja, do que desejava tirar vantagem econômica prejudicando outra pessoa através de algum artifício.

Rafael não sabia quem o acusava de agir de má-fé, mas cogitou algumas possibilidades, todas referentes às formas como a vizinhança da rua estruturava os espaços do morro. Em sua opinião, o insatisfeito podia não querer que fosse realizado ali nada ligado ao governo e ter reagido à logomarca do Iphan que havia no cartaz, podia associar arte a "coisa de viado" ou podia, ainda, ser algum artista do Projeto Mauá aborrecido com sua exclusão da programação oficial do evento, mas achava essa terceira opção a menos provável. Sua fala explicitava, assim, como era usual a resistência dessa vizinhança às iniciativas governamentais e às diferentes orientações sexuais, além do descontentamento de "artistas do morro" com a perda de controle sobre o sistema de autenticidade cultural que operavam.

O Projeto Arte e Patrimônio foi amplamente noticiado pela imprensa da cidade. No material de divulgação que Rafael elaborou, o Morro da Conceição foi comparado à "tradição cultural" de Montmartre, bairro parisiense conhecido por seu estilo de vida boêmio. Essa comparação já era recorrentemente utilizada nas matérias jornalísticas e turísticas sobre os bairros da Lapa e de Santa Teresa, ambos na área central da cidade, por causa de seus ateliês de artistas e da movimentação dos bares.

Durante os dois dias do evento, a numerosa frequência de visitantes de diversos espaços da cidade, a organização de uma festa na pracinha pela rádio amadora La Rica e as apresentações da Banda da Conceição no largo da Santa e de rodas de choro no bar do Geraldo conferiram ao Arte e Patrimônio um aspecto mais festivo que o Projeto Mauá. E se algumas das 18 intervenções artísticas enfocaram apenas aspectos plásticos, houve outras que articularam discursos sobre o morro e a Zona Portuária, afirmando, negando ou justapondo determinados imaginários em relação a seus habitantes e espaços. Em conjunto, essas intervenções formaram um corpo discursivo que extrapolou as autorias individuais das obras, propondo muitas vezes uma leitura ambígua e irônica sobre os aspectos vivenciados localmente como negativos ou positivos.

Entre alguns dos temas das intervenções, foram abordadas as edificações sem conservação física que existiam no morro, a proximidade com o Morro da Providência e a linguagem utilizada pelos traficantes de drogas, e as práticas das procissões católicas em contraste com os mendigos que dormiam nas portas das igrejas.[50] Na Pedra do Sal, houve três intervenções que, de formas distintas, fizeram referência às práticas do candomblé: uma propôs um "despacho" para "espantar a dengue" da região; outra trouxe uma dupla alusão à noção de "tombamento", operando com o imaginário do samba e dos filhos de santo ligados a Tia Ciata e João Alabá, e também com a possibilidade de demolir um prédio ao lado da pedra que obstruía parcialmente a sua visão; e o terceiro encenou uma "lavagem" da pedra.[51]

No evento, houve ainda a articulação de metadiscursos por dois moradores da parte alta que teceram comentários críticos

---

[50] Durante as intervenções, foram pintados, com uma grossa camada de purpurina dourada, os escombros de um sobrado desabado na rua Major Daemon. Já no topo da ladeira Pedro Antonio, foi instalado um grande letreiro luminoso voltado para o Morro da Providência com os dizeres "Feliz Ano Novo", em referência aos letreiros usualmente colocados pelo tráfico de drogas nos morros. E uma artista caminhou à noite por algumas ruas das partes alta e baixa com um camisolão branco, um lençol e uma lamparina, sendo solenemente seguida por uma pequena procissão de visitantes. Ao chegar defronte à Igreja da Prainha, depositou a lamparina e o lençol sobre seu beiral, deitou-se e dormiu.

[51] O primeiro artista distribuiu pela pedra algumas velas de citronela contra o mosquito da dengue dentro de copos de vidro, abordando assim um problema sanitário do morro ao mesmo tempo que se referia ao espaço do candomblé. O segundo dispôs no largo João da Baiana uma maquete que simulava a demolição do altíssimo prédio da Companhia Estadual de Águas e Esgotos (Cedae), localizado ao lado da pedra, ação que possibilitaria a abertura de sua visão. E selecionou alguns sambas antigos que podiam ser ouvidos em um pequeno equipamento de som com fones e encartes impressos com a "árvore genealógica" e as afiliações de santo de antigos frequentadores da pedra ligados ao candomblé, como Tia Ciata e João Alabá. Denominou sua instalação de "tombamento", brincando assim com a duplicidade da noção, que podia designar tanto a preservação como a demolição de um bem. Houve ainda um artista que abordou as práticas do candomblé na pedra conectando mangueiras azuis e vermelhas a bicas de quatro casas da rua Argemiro Bulcão que, ao fim da tarde, jorraram água para sua "lavagem".

à concepção e realização do projeto. Frazão expôs, no interior de uma das casas do adro de São Francisco, um painel composto por 120 fotografias com super closes de rostos de habitantes do morro distorcidos pelo uso de uma lente grande angular. Em frente ao painel, dispôs algumas cadeiras para que os visitantes pudessem contemplar as faces. Sua exposição buscou enfatizar, assim, a proximidade que tinha com os retratados, afirmando o valor dos artistas que moravam no morro e os vínculos sociais estabelecidos com sua vizinhança. Indiretamente, criticou o que seria uma distância social dos demais artistas do evento que não costumavam frequentar os espaços do morro.

Outro morador que se posicionou explicitamente contrário ao evento foi Gustavo, criticando a utilização dos espaços do morro por projetos "culturais" ou "turísticos". Ele montou uma exposição de fotografias em frente à sua casa com três painéis fixos e um projetor de filmes que exibia imagens na parede. Embora as fotografias não emitissem qualquer mensagem contestatória, sua atitude o fazia: Gustavo não havia combinado sua participação no evento com Rafael e afirmou que, por estar utilizando sua própria casa, não precisava pedir qualquer "permissão" para nenhum curador. Em sua opinião, os moradores tinham que começar a ganhar alguma coisa com esses projetos que promoviam os espaços do morro e as histórias de seus habitantes, se referindo a formas de pagamento ou a um reconhecimento de autoria.

Assim, apesar de tanto o Arte e Patrimônio quanto o Projeto Mauá terem buscado vincular o morro às noções de "arte" e "cultura", cada um deles operou com imaginários e valores bastante distintos. O projeto dos "artistas do morro" priorizou os espaços dos ateliês e a comercialização de seus artefatos, valorizando a "comunidade" e o "catolicismo popular". Já o projeto de Rafael priorizou a troca com outros contextos artísticos da cidade e os espaços públicos das vias e logradouros do morro, valorizando a exposição e justaposição de imaginários sobre seus habitantes e espaços e as religiosidades tanto do catolicismo como do candomblé.

Assim, ao longo da convivência cotidiana nos bares e festas na parte alta do morro, observei que a valorização desse espaço como pertencente a uma "tradição portuguesa" pelos planejadores urbanos da Prefeitura e por mediadores culturais era uma simplificação das formas de classificação de seus habitantes, mesmo daqueles que possuíam suas identidades construídas em torno dessas origens. Eram diversas as maneiras como tais espaços eram estruturados, variando de acordo com a perspectiva de pertencimento do "morador" e seu imaginário do que era uma "boa vizinhança".

A noção de "vizinhança" era, portanto, uma importante estruturadora das diferentes narrativas e práticas vinculadas à parte alta do morro, e construída a partir da *reputação* (Bailey, 1971) formada pelo grau e intensidade da interação de cada um na vida coletiva dos moradores, fosse em grupos de interesses ou em conflitos locais. Assim, quanto maior era o nível de interação, mais importante era sua reputação na vizinhança, o que não tinha qualquer relação direta com as qualidades positivas ou negativas que esse habitante do morro possuía, mas sim com o que os outros pensavam dele e informavam sobre ele. Ou seja, as demarcações de proximidades e distâncias sociais que os moradores da parte alta produziam sempre confirmavam a existência de relações sociais, fossem de maior ou menor intensidade.

Ao apresentarem suas definições de "boa vizinhança", os moradores da parte alta elaboravam as distinções morais de seus espaços e práticas. No caso dos frequentadores do bar do Sérgio e da capela, os espaços eram estruturados a partir das oposições "vício" *versus* "virtude", "perigoso" *versus* "seguro", delimitando fronteiras que diferenciavam gradativamente os habitantes como "de dentro" ou "de fora" do morro e os espaços como "masculinos" ou "femininos". Mas, quando essa definição era construída por frequentadores do bar do Geraldo, os espaços e a vizinhança do morro eram compreendidos a partir de outras oposições, como "misturado" *versus* "puro" e "aberto" *versus* "fechado".

A partir ainda das narrativas de reputação movimentadas na parte alta, observei que eram recorrentemente acionadas às figuras do "turista", do "político", do "traficante", da "prostituta", do "invasor" e do "malandro", fossem essas categorias tidas de forma positiva ou negativa, indicando as muitas conexões entre os espaços e habitantes do morro com os da Zona Portuária e da cidade. Ou seja, muito mais conexões do que os planejadores urbanos da Prefeitura apresentaram na classificação da "organização comunitária" realizada durante o ProRio.

Nela, os moradores do morro foram esquemática e ideologicamente divididos em "descendentes de portugueses e espanhóis" com "vínculo afetivo"; "nordestinos" com uma "relação conjuntural com o espaço"; e "comerciantes" que "não frequentavam seus espaços". Essa classificação produzia, assim, uma série de apagamentos de alianças, conflitos, tensões e combinações que estruturavam os espaços do morro, inclusive entre os próprios habitantes que compunham a parte alta. Pois, entre os que habitavam imóveis valorizados turística e economicamente, o Morro da Conceição era vivenciado como uma experiência limítrofe e ambivalente, ao poder se referir tanto a uma noção positiva de moradia, associada à autenticidade cultural e à intimidade social, quanto a uma noção negativa, ligada a decadência, perigo e vício.

3 Os "quilombolas" da Pedra do Sal e os "franciscanos" da Prainha

PEDRA DO SAL E IGREJA DE SÃO FRANCISCO DA PRAINHA.
OUTUBRO DE 2007.

Os espaços físicos, simbólicos e midiáticos de embate

O conflito entre os moradores que formaram o Quilombo da Pedra do Sal e os dirigentes da Vot tinha se iniciado após a entidade católica retomar a posse de diversos imóveis do morro visando à expansão de seus projetos assistenciais e educacionais. A distância física e simbólica que fazia com que os patrimônios afro-brasileiros e o franciscano não se chocassem foi então desfeita, produzindo a superposição da área de irradiação dos centros simbólicos da Pedra do Sal e da Igreja de São Francisco da Prainha. Ambos os centros eram localizados na base do morro, delimitada pela rua Sacadura Cabral, e separados pelo largo de São Francisco da Prainha, denominado comumente de largo da Prainha.

O largo da Prainha possuía formato triangular e vértices definidos pela rua São Francisco da Prainha e pelo beco João Ignácio, além da rua Sacadura Cabral. Seu calçamento era de paralelepípedo, elevado um palmo acima do nível do chão, e abrigava um jarrão com plantas, árvores, bancos de madeira e conjuntos de banquetas e mesas de cimento. Defronte ao largo, uma parte dos sobrados estava desocupada e era de propriedade da Vot; outra parte era utilizada como depósito de bebidas e para bares e restaurantes populares. Durante os períodos diurnos, o espaço era tomado por estudantes, jogadores de cartas e engradados de cerveja e galões de água dos depósitos. À noite, o movimento de pessoas era menor e apenas um bar ficava aberto. Em algumas sextas-feiras, o largo era ainda ocupado pelo ensaio do bloco Escravos da Mauá, que chegavam a atrair até 2 mil pessoas nos meses que antecediam o Carnaval.

Na altura do largo, a direção do tráfego de automóveis dividia-se por causa da conexão com a rua Edgard Gordilho, que ligava a rua Sacadura Cabral com a avenida Rodrigues Alves, principal via da retroárea portuária localizada abaixo do elevado da Perimetral. Essa conexão fazia com que os motoristas tivessem que optar em dobrar para a esquerda, em direção à igreja e à praça Mauá, ou para a direita, em direção à pedra e ao Valongo.

Caminhando-se para a direita, a rua São Francisco da Prainha se estendia até o largo João da Baiana, sopé da Pedra do Sal. No lado par desse trecho da rua, os sobrados voltavam-se para a rua Sacadura Cabral e eram ocupados por estacionamentos e pelo pequeno comércio, como o Mercadinho Pai d'Égua e o Restaurante Gracioso. Já no lado ímpar, todos os sobrados exibiam no topo um emblema da Vot e a maioria era utilizada como residência por seus inquilinos ou moradores informais. A fiação elétrica desses sobrados era improvisada, o revestimento e a pintura parcialmente deteriorados e alguns vidros de janelas quebrados. Dispostos à sua frente, havia engradados de cerveja, "burros sem rabo"[52] carrinhos para venda de angu, churrasquinho e cachorro-quente, e cadeiras e mesas plásticas. Destacando-se visualmente por possuírem boas condições de conservação e fachadas pintadas em azul-claro, em um dos sobrados funcionava um curso de padaria e no térreo de um pequeno edifício cursos de marcenaria e gráfica, todos componentes do Projeto Humanização do Bairro da Vot.

No largo João da Baiana, a calçada era ornada por pedras portuguesas e abrigava dois bancos de madeira e um pequeno coqueiro. Para ele convergia, além da rua São Francisco da

---

[52] "Burro sem rabo" é uma denominação informal para as carretas de duas rodas puxadas manualmente e utilizadas para transportar produtos diversos.

Prainha, a rua Argemiro Bulcão.[53] Localizada defronte ao largo, a Pedra do Sal era uma formação rochosa com uma área lisa e escorregadia e outra de escadaria esculpida que facilitava a circulação de pedestres. Seus limites físicos eram ainda definidos pela lateral de um sobrado utilizado para a reciclagem de papel, pelos sobrados do restaurante Victoria Self Service,[54] do bar Bodega do Sal[55] e por um muro alto e uma escadaria que conduzia à travessa do Sereno, onde dois sobrados eram ocupados pelo Centro Comunitário do Projeto Humanização do

---

[53] A rua Argemiro Bulcão conectava a rua Venezuela à rua Jogo da Bola, atravessando as ruas Coelho e Castro e Sacadura Cabral e a Pedra do Sal. O trecho alto da pedra era ocupado por sobrados e, próximo à sua base, o lado esquerdo era totalmente tomado pela empena cega do edifício de mais de 12 andares da Cedae, enquanto o lado direito era ocupado também por um edifício residencial.

[54] O Victoria Self Service abria no horário do almoço durante a semana e era comandado por Irene, que desde 1980 morava no sobrado: primeiro como sublocadora de uma "vaga" e, depois, como proprietária do imóvel. Quando era inquilina, no segundo andar do sobrado eram oferecidas vagas para marinheiros, e, no primeiro, funcionava uma loja de estofado. Ao se casar com um funcionário da Marinha, em 1993, eles compraram o imóvel e três anos depois abriram o restaurante a quilo no andar térreo. Em 2000, ela e o marido se separaram e Irene continuou a cuidar do restaurante com a ajuda de um de seus filhos.

[55] A Bodega do Sal só funcionava duas noites por semana, quando organizava rodas de samba. O bar era de propriedade de Leonardo, que trabalhava no edifício da Cedae ao lado da pedra. Ele narrou que, antes de ocupar o bar, funcionava ali um "botequim" que vendia cachaça, cerveja e sardinha frita. O sobrado era de propriedade da entidade católica Irmandade Santa Cruz dos Militares e em 2002 havia sido fechado por causa da falência e despejo do comerciante. Leonardo então negociou um contrato de aluguel com a Irmandade e trocou os três primeiros anos de pagamento por obras nas partes elétrica, hidráulica e de fachada do imóvel. A roda de samba de segunda-feira havia surgido em 2006, por iniciativa de músicos do grupo Batuque na Cozinha. Com o sucesso de público, o grupo Samba na Fonte propôs em seguida organizar um evento de apresentação de composições musicais inéditas nas noites de quarta-feira.

Bairro. Nos períodos diurnos, o largo era utilizado como área para estacionamento de carros. Eventualmente, também eram realizadas nele festividades de moradores ou relacionadas ao circuito de sambistas. E, nos fins de semana, pequenos grupos de turistas frequentavam o espaço.

Partindo do largo da Prainha em direção à praça Mauá, a rua Sacadura Cabral era ocupada pelo ponto final de diversos transportes coletivos e por sobrados e prédios predominantemente comerciais. Nos períodos diurnos, as lojas ofereciam serviços de alimentação popular, estacionamento de veículos, venda de bebidas ou produtos para escritório, entre outros, e barracas de lona azul credenciadas pela Prefeitura compunham o Comércio Popular Sacadura Cabral. À noite, a vizinhança se reunia nos botequins e em torno de barraquinhas ambulantes de comidas e bebidas e a prostituição era desenvolvida em três grandes estabelecimentos: o Club Florida, a Boite Scandinavia e o Kabaret Kalesa. Além desses espaços, havia nas proximidades da praça algumas instituições governamentais voltadas para o atendimento e controle aos estrangeiros e migrantes: o Hospital José da Costa Moreira, a Polícia Federal, a 1ª Delegacia de Polícia Civil, o Terminal Rodoviário Mariano Procópio e o Terminal de Passageiros do Porto.

Uma escadaria acessava o adro de São Francisco, pátio retangular onde ao centro estava a pequena Igreja de São Francisco da Prainha, denominada comumente de Igreja da Prainha. Pintada de branco e com detalhes em pedra, a igreja possuía uma placa afixada acima de seu portal informando que sua construção havia começado no ano de 1696 pelo padre Dr. Francisco da Motta e tinha sido legada à Vot "como patrimônio da Prainha" em 1704. Circundando a igreja, as casas do adro apresentavam fachadas pintadas de branco e portas e janelas pintadas alternadamente de verde, azul, amarelo e branco. Algumas possuíam pequenas placas afixadas no portal, identificando as atividades desenvolvidas pelo Projeto Humanização do Bairro, como "salão de beleza", "oficina das artes", "escritório modelo", "saúde para a comunidade", "escola popular de música", "arte e bordado", "cantinho da moda", "casa de cultura do Morro da Conceição". Atrás da igreja, poucos degraus conduziam à rua Mato Grosso e uma passagem lateral acessava o beco João José, onde estavam localizadas as entradas da Escola Padre Dr. Francisco Motta e do Colégio Sonja Kill. As duas instituições de ensino eram pintadas de azul e branco e ocupavam todo o quarteirão formado pelos becos João José e João Ignácio e pela rua Mato Grosso.

Logo após o Quilombo da Pedra do Sal solicitar, no final de 2005, a certificação pela Fundação Cultural Palmares, órgão federal responsável pelo reconhecimento das comunidades de remanescentes de quilombo, iniciou-se um embate midiático entre os "quilombolas" e os "franciscanos". Ao longo de dois anos, matérias, artigos e cartas movimentaram noções de autenticidade que tanto legitimavam quanto questionavam a validade cultural do pleito étnico e as motivações sociais da Vot, justapondo aspectos jurídicos, políticos, identitários e religiosos para definir o que seria cada um dos patrimônios envolvidos: o afro-brasileiro e o franciscano.

A primeira matéria jornalística foi baseada em nota redigida pelas famílias pleiteantes e publicada pelo site da organização não governamental Koinonia, entidade carioca de monitoramento e assessoria política aos pleitos de reconhecimento de territórios quilombolas. Nela, a Vot era acusada de ter realizado os despejos visando à valorização de seus imóveis após o anúncio do plano de "revitalização" da Zona Portuária. E as famílias pleiteantes postulavam que o território reivindicado era uma herança familiar porque fora criado a partir de um aterro marítimo realizado por "escravos" e "assalariados" durante as obras de construção do cais do porto, no início do século XIX. Ou seja, através de uma transmissão simbólica de herança, essas famílias afirmavam possuir um direito patrimonial anterior ao da Vot.

> Resultante de aterro construído por escravos e assalariados durante as obras de construção do cais do porto, a rua Sacadura Cabral abriga em seu entorno prédios do século 19. Antigos decretos reais, datados de 18 de novembro e 20 de dezembro de 1816, asseguram a posse de todos os imóveis construídos no local aos trabalhadores que aterraram a região e seus descendentes. Com base em documentos como esse e pelo apoio de outras entidades e grupos organizados, como o Movimento Negro Unificado, a Associação de Moradores pretende resistir na Justiça.
>
> A briga é grande, uma vez que a Ordem 3ª também apresenta documentação antiga, embora posterior (cópia de alvará do então príncipe regente, D. Pedro I, doando a área para a ordem religiosa). Sem ter para onde ir, os moradores vêm fazendo atos públicos. Planejam, inclusive, manifestações durante as missas de domingo na região (Koinonia, *Observatório Quilombola*, 02.12.2005).

Outras pequenas notas foram veiculadas posteriormente, mas o conflito só ganhou projeção nacional quando o governo federal anunciou que o Incra constituiria equipe para elaborar o relatório de caracterização histórica, econômica e sociocultural do território quilombola e encaminharia o processo de regularização fundiária. Em matéria divulgada pela organização não governamental voltada para a implementação de projetos de moradia popular Centre On Housing Rights & Evictions (Cohre), sediada em Genebra e com escritório brasileiro em Porto Alegre/RS, começou então a ser perceptível uma mudança discursiva das famílias pleiteantes. Nessa matéria, a noção de Pequena África foi articulada para enfatizar os aspectos identitários e religiosos do patrimônio reivindicado, não mais seus aspectos meramente jurídicos.

> Situado ao pé do Morro da Conceição, no bairro da Saúde próximo à praça Mauá, o Quilombo da Pedra do Sal é formado por famílias descendentes de negros escravizados, oriundos da Bahia e da África. O bairro da Saúde reunia toda infraestrutura do comércio de escravos durante os séculos XVIII e XIX. Após o período escravista, os negros continuaram vinculados ao local próximo ao porto do Rio de Janeiro. A área foi apropriada como espaço de sociabilidade para prática de rituais, cultos religiosos, batuques e roda de capoeira. A cultura popular carioca floresceu em torno da Pedra do Sal e sambistas tradicionais buscavam inspiração na comunidade. Além de Donga, Pixinguinha e João da Baiana, Machado de Assis também viveu no bairro. O terreno estava localizado à beira-mar e recebeu esta denominação por ser o ponto de desembarque do sal comercializado no mercado da capital. Nessa mesma zona portuária foi formada a "Pequena África no Brasil", área de convergência de negros que fugiam do "bota abaixo", programa de reforma urbana implantado por Pereira Passos nas primeiras décadas do século XX (Cohre, *Boletim Quilombol@*, n. 18, jan./fev. 2007).

Reagindo ao questionamento de seu patrimônio, a Vot mobilizou os meios de comunicação brasileiros para contestar a formação do Quilombo da Pedra do Sal, entre eles a

Rede Globo de Televisão. Em seguida, o governo federal replicou que os pleiteantes eram "realmente" remanescentes de quilombo e que o tombamento da Pedra do Sal como monumento histórico e religioso afro-brasileiro tinha sido a primeira certificação de etnicidade concedida às famílias (Fundação Cultural Palmares, 24.05.2007). Quatro dias depois, a rede televisiva treplicou com uma reportagem em horário nobre (Rede Globo, *Jornal Nacional*, 28.05.2007). Nela, os imóveis disputados eram caracterizados como pertencentes à entidade católica e localizados em torno do "patrimônio artístico e histórico nacional" da Igreja da Prainha. Ou seja, na contra-argumentação, foi apresentada também uma ação de reconhecimento patrimonial, só que ocorrida em 1938, antes do tombamento da Pedra do Sal. A reportagem trazia ainda um frei declarando que as casas estavam quase todas alugadas ou eram usadas em "projetos sociais e uma escola" para o atendimento de "mil alunos de bairros pobres". E, em tom de denúncia, afirmava que o Quilombo da Pedra do Sal era composto por sete moradores "que se dizem descendentes de escravos", embora a pesquisa em arquivos públicos de um historiador tivesse concluído que não havia quaisquer "registros de um quilombo na área em disputa". Assim, para contestar o pleito, o historiador e a rede de televisão operaram com a acepção colonial do termo quilombo, não conferindo, portanto, legitimidade à formulação constitucional.

Durante a troca de acusações, a Koinonia acabou por se conformar em uma extensão dos espaços de conflito. Em julho, uma matéria assinada pela Associação de Remanescentes do Quilombo da Pedra do Sal (Arqpedra), formada pelas famílias pleiteantes, foi enviada à organização, acusando um frei de ter usado "artifício ardil" durante uma reunião das escolas da Vot. Segundo a associação, ele teria informado aos pais e alunos que os pleiteantes queriam fechar as escolas e, assim, teria recebido o apoio de moradores da região (*Observatório Quilombola*, 20.07.2007). A Vot então exigiu da Koinonia um "direito de resposta" a essa carta, em que afirmou ser favorável ao "movimento quilombola", só que ao "verdadeiro", reforçando o questionamento da autenticidade cultural do grupo. E, após listar as atividades educacionais e assistenciais que desenvolvia no Morro da Conceição, acusou os integrantes do movimento de "invasores", contrapondo a eles as pessoas "sérias", "dignas" e "de bem" que identificaram como os "pais de alunos" e os "moradores antigos" do morro.

> Nenhum "circo foi armado", pois estávamos falando para pessoas sérias, pais de alunos, moradores antigos, pessoas dignas que sempre viveram do suor do seu trabalho enquanto seus filhos eram educados na escola da Ordem da Penitência. Falávamos também para algumas pessoas que sempre moraram em imóveis da entidade e, como pessoas de bem, honravam as suas obrigações locatícias, com isso viabilizando a manutenção não só da escola Pe. Francisco da Motta, mas de toda obra social mantida secularmente pela Ordem da Penitência! Não falávamos para invasores ou pessoas que à custa do sacrifício de muitos buscam locupletar morando anos a fio sem pagar qualquer aluguel (Koinonia, *Observatório Quilombola*, 01.08.2007).

Outras matérias jornalísticas foram veiculadas nos meses seguintes, entre elas uma do *Estado de S. Paulo* que noticiava o conflito incluindo depoimentos não apenas dos diretamente envolvidos, mas também de "moradores do morro", articulando a oposição "maioria portuguesa" *versus* "minoria negra" para se referir a seus habitantes (*O Estado de S. Pau-*

lo, 12.08.2007). A revista *IstoÉ* também noticiou o conflito, abordando a ocorrência de pleitos étnicos em áreas urbanas e confrontando as noções históricas, jurídicas e políticas do termo (*IstoÉ* on-line, 31.08.2007). Mas o auge de sua exposição midiática ocorreu quando um articulista publicou simultaneamente, em dois jornais de grande circulação nacional, o artigo "Quilombos urbanos".

O texto denunciava a "proliferação de quilombolas" no país após a promulgação da Constituição Federal de 1988, atribuindo-a a um "artifício meramente jurídico" e à parcialidade política dos que elaboravam os laudos antropológicos. Como caso exemplar, citava o Quilombo da Pedra do Sal, qualificando os pleiteantes como "invasores" que queriam obter imóveis. Segundo ele, a titulação do território étnico prejudicaria os serviços educacionais e cursos profissionalizantes da Vot que davam a chance de adultos "refazerem suas vidas", em um discurso que valorizava o disciplinamento dos espaços da Zona Portuária e os caracterizava como marcados pelo "narcotráfico".

> Na origem do processo, cinco pessoas que invadiram uma casa e reivindicam para si 70 propriedades, num valor médio de R$ 250 mil. Essas cinco pessoas nem nasceram no bairro. Já obtiverem laudos (pergunto-me o que isso pode bem significar) que lhes dão direito a essas propriedades. Os ideólogos da justiça social devem estar muito satisfeitos com tal atentado à justiça — esta, sim, real —, de crianças e adultos, das mais diferentes cores, que terão sua vida prejudicada. O narcotráfico, presente nessa área, deixa a comunidade em paz. Os justiceiros da causa social, não. (*O Globo/O Estado de S. Paulo*, Denis Lerrer Rosenfield, 29.10.2007).

Até o final de 2009, nenhuma outra matéria obteve repercussão nacional, sendo veiculadas apenas breves notas no site do governo federal informando sobre o andamento judicial do processo de reconhecimento étnico. Após o embate midiático e o desgaste político de ambas as partes envolvidas no pleito, os integrantes do Quilombo da Pedra do Sal reformularam e restringiram a solicitação do território reivindicado, que passou a ser composto por cerca de 15 imóveis, e não mais por dezenas de imóveis da base do morro. De qualquer forma, nesse ínterim uma reparação provisória da ordem social no Morro da Conceição foi alcançada: o governo federal impetrou ações judiciais que interromperam os despejos de todos os moradores pela Vot, inclusive daqueles que não haviam aderido ao pleito étnico, até que fosse finalizado o relatório histórico e antropológico de caracterização do território quilombola.

O pleito "étnico-racial" de um morro "negro"

Dos 12 moradores que integraram formalmente o pleito de reconhecimento do Quilombo da Pedra do Sal, conversei com quatro, todos eles por meio de contatos realizados durante festividades no largo João da Baiana ou da Prainha. Conheci Damião Braga na primeira vez em que estive na Pedra do Sal, em outubro de 2007, numa roda de samba promovida pela Bodega do Sal. Fui apresentada a ele por Alessandra e, dias depois, combinamos um encontro na calçada da rua em frente ao sobrado em que morava com sua mulher, Marilúcia Luzia, na rua São Francisco da Prainha.

Logo que nos encontramos, Damião avisou que não poderia falar durante muito tempo e emitiu a opinião de que os "acadêmicos" atuavam quase sempre em favor dos interesses da "elite". Mas, mesmo mantendo uma postura distanciada, conversamos por quase uma hora. Ele trabalhava no porto e, além de ser presidente da Arqpedra, havia sido recentemente eleito vice-presidente da Associação dos Quilombos do Estado do Rio de Janeiro (Aquilerj). Sua trajetória habitacional tinha se dado desde a infância na Zona Portuária e a primeira moradia no Morro da Conceição foi num sobrado desocupado da Vot, na travessa do Sereno, onde permaneceu por dois anos sem qualquer contrato de aluguel. Depois de ser judicialmente despejado desse sobrado, Damião ocupou aquele sobrado na rua São Francisco da Prainha, que também estava vazio.

Embora não pagasse aluguel, disse que mesmo as famílias com contrato de locação tinham sido despejadas pelos dirigentes da Vot, algumas de forma agressiva e com o auxílio de policiais. Em sua opinião, a entidade não possuía documentos que comprovassem a propriedade dos sobrados da parte baixa do morro, porque a área da rua Sacadura Cabral havia sido aterrada e pertencia originalmente à União. E a reivindicação pela propriedade desses sobrados teria começado somente depois de a Prefeitura divulgar o Plano Porto do Rio, sendo a instalação dos cursos profissionalizantes um pretexto para ocupá-los e valorizá-los economicamente.

Quando perguntei quem eram os integrantes do Quilombo da Pedra do Sal e onde se encontravam, Damião respondeu de forma genérica que a Zona Portuária era um espaço de ocupação histórica negra e que, durante anos, essa ocupação havia sido inibida pela atuação da Igreja Católica e dos planos urbanísticos. Ainda operando com personagens míticos — os "negros", a "Igreja Católica" e os "planejadores urbanos" —, comentou que havia décadas nenhuma casa de candomblé funcionava na região, pois todas se deslocaram para o subúrbio após serem perseguidas. No entanto, em seguida lembrou que até 2005 havia funcionado uma casa de candomblé no adro de São Francisco, imóvel que também tinha sido retomado pela Vot.

Damião perguntou então qual era a minha religião e, ao responder não ser praticante de nenhuma, mas ter sido batizada na umbanda, reagiu com surpresa. Ele não conhecia muitas pessoas batizadas em religião "do santo" e esperava que eu fosse católica, já que ele próprio era do candomblé, mas batizado católico. A constatação, no entanto, não nos aproximou durante a conversa, apenas impediu que fosse criado um vão ainda maior que a minha identificação como pesquisadora "acadêmica", "de elite" e "branca" produzia entre nós.

Enquanto conversávamos, Mauro Rasta passou pela rua e parou para avisar que o Canal Futura tinha entrado em contato para fazer uma matéria televisiva com os integrantes do Quilombo da Pedra do Sal. Mas Damião disse que não aceitaria, porque o movimento quilombola nacional tinha deliberado recusar qualquer matéria realizada pela Rede Globo de Comunicações por causa das "distorções" que estavam produzindo sobre os conflitos envolvendo territórios étnicos. Mauro organizava com Damião e Marilúcia o projeto de apresentações musicais Sal da Pedra e algumas festas específicas, como a de comemoração do dia da Consciência Negra (20 de novembro). Mas Damião comentou que naquele ano não realizariam nenhuma atividade nessa data, porque estavam sem dinheiro devido às despesas com os embates judiciais com a Vot. No entanto, a comemoração do dia do Samba (2 de dezembro) estava garantida por ter recebido o apoio de uma professora universitária, que ofertou os ingredientes para a produção da feijoada.

Segundo Damião, além dos auxílios individuais, o pleito contava também com o apoio do Movimento Negro Unificado (MNU) e das organizações não governamentais Koinonia,

Cohre e Comcat, esta última sediada no morro e voltada para a formação de líderes comunitários. Mas durante o embate midiático travado com a Vot, a Comcat e a Koinonia foram pressionadas por um representante da Comunidade Europeia, financiadora comum às três entidades, para não oferecerem apoio formal ao movimento.

No início de dezembro, enquanto alguns integrantes do Projeto Mauá divulgavam o evento no ensaio do bloco Escravos da Mauá, o historiador Marcelo me informou que, entre as diversas barracas de venda de comida e bebida montadas no largo da Prainha, a que ficava na esquina do beco João Ignácio pertencia ao Quilombo da Pedra do Sal. Falei então com Sonia, ex-moradora da "ocupação de sem-teto" Chiquinha Gonzaga, que tomava conta das vendas da barraca. Sonia me apresentou a Marilúcia, que não prolongou muito a conversa, disse apenas que morava na Zona Portuária desde que nascera, sem especificar onde. Amaury, produtor cultural e frequentador da barraca, logo se aproximou e contou que seu desejo era articular o movimento quilombola com outros grupos dedicados ao samba na Zona Portuária, como os blocos Prata Preta e Escravos da Mauá, mas que estava difícil unir seus integrantes. Outro amigo do grupo, Renato Radical, entrou na conversa e, como havia feito Damião, me perguntou se eu era católica. Esse breve contato com os frequentadores da "barraca dos quilombolas" confirmava, assim, algumas formas de sociabilidade e valores que uniam seus integrantes e apoiadores na região, como a afinidade com os movimentos populares de moradia, o samba e candomblé.

Depois desses encontros iniciais, só conheci outro integrante do Quilombo da Pedra do Sal em abril de 2008, durante o Projeto Arte e Patrimônio patrocinado pelo Iphan.

Algumas "intervenções artísticas" do evento haviam ocupado a Pedra do Sal, e Carmem estava preocupada em explicar a um dos artistas o que era o movimento quilombola. Ela residia havia seis anos em um imóvel na travessa do Sereno e contou que, antes mesmo de ter se tornado uma "quilombola", já era discriminada por outros moradores do morro por ser da "parte baixa", e não da "parte alta", que identificava como "elite". Denunciou que a Vot perseguia os integrantes do quilombo e utilizava uma "milícia" de policiais à paisana para expulsar os moradores dos imóveis e retirar seus pertences. Segundo Carmem, havia cerca de 50 despejados, mas poucos permaneceram morando na Zona Portuária; no morro, apenas os que organizaram o movimento quilombola.

Em 23 de abril, reencontrei Carmem na Pedra do Sal durante a festa em comemoração ao dia de São Jorge. Mauro Rasta havia me avisado do evento por telefone, explicando que era uma festa organizada coletivamente, com a participação de amigos do movimento quilombola, de moradores da região e de militantes do movimento negro e social. Ele tinha ficado encarregado de convidar as pessoas e divulgar o evento, e Marilúcia, de comandar a barraca de bebidas e da feijoada. Quando cheguei à festa, no fim da manhã, a barraca já estava montada, mesas e cadeiras de alumínio haviam sido dispostas ao redor do largo João da Baiana e, em seu centro, músicos se revezavam cantando sambas.

Logo que nos encontramos, Carmem me apresentou ao historiador Luiz Torres, um dos moradores que integravam o movimento quilombola. Ele contou que tinha sido o autor do primeiro trabalho histórico sobre o Quilombo da Pedra do Sal, se referindo ao documento de autoatribuição étnica apresentado à Fundação Cultural Palmares. Segundo Luiz, o tombamento da Pedra do Sal havia sido uma iniciativa exclusivamente "acadêmica", já o "trabalho consciente de construção de identidade negra" que tornou o espaço conhecido pelos moradores, portuários, sambistas e pelo "povo do santo" tinha sido dele e de Damião. Por isso, consideravam-se seus legítimos "guardiões de memória".

Os moradores da região foram convocados a aderir ao pleito através de cartazes de divulgação das reuniões da Arqpedra, mas, de acordo com Luiz, muitos não se sentiram identificados com a "causa quilombola". Os moradores que se interessaram em integrar o movimento mantiveram como espaços de encontro os eventos em comemoração à cultura afrodescendente na Pedra do Sal e as reuniões sobre as estratégias do movimento, mas, no dia a dia, suas atividades eram dispersas. Na opinião de Luiz, aquele pleito quilombola não visava apenas solucionar um conflito habitacional: era uma "resistência política" com o intuito de divulgar a Pedra do Sal como ponto de referência da cultura africana, ampliar a atuação do MNU na região e fortalecer a memória negra que já estava presente no cemitério dos pretos novos e no Centro Cultural José Bonifácio. Mas só com o tempo eles tinham passado a contar com apoio externo ao movimento, principalmente do Ministério Público Federal, do governo federal, de organizações não governamentais e de universidades. As atuações das associações de moradores da Saúde e do Morro da Conceição, no entanto, foram criticadas por se interessarem apenas em beneficiar pessoalmente seus integrantes e só aparecerem em época de eleição.

No início da tarde a feijoada foi servida a cerca de 50 pessoas e, findo o almoço, três homens vestindo camisetas do bloco carnavalesco Afoxé Filhos de Gandhi ocuparam o largo e iniciaram o toque do ijexá, ritmo tocado em casas de candomblé e caracterizado pelo som dos atabaques e a marcação do agogô. Parte das mulheres presentes então se posicionou em roda para dançar e algumas, para marcar a transição musical, envolveram o tronco por um "pano da costa", peça de vestuário dos rituais de candomblé. Todos cantaram músicas em português e iorubá. O tom da apresentação, embora mais solene que o da roda de samba, continuou festivo, a diferença foi ter atraído para a dança mulheres já idosas, as "tias" respeitadas por todos os presentes no evento. Depois, o samba retornou ao largo e, ao longo da tarde, dezenas de pessoas de vários locais da cidade chegaram para a festa, algumas vestidas de branco e vermelho, cores associadas ao santo homenageado.

Confirmando o que havia dito Luiz, nos outros meses que frequentei a Zona Portuária reencontrei individualmente muitas vezes os integrantes do Quilombo da Pedra do Sal, em rodas de samba, em eventos de outras entidades que valorizavam a cultura e a religiosidade afro-brasileiras, vendendo bebidas e comidas em barracas armadas nos largos da Prainha e João da Baiana ou em reuniões com representantes governamentais. Como ação coletiva, só presenciei as festividades que o movimento quilombola realizava na Pedra do Sal e que faziam com que, sensível e ciclicamente, o "território étnico" fosse produzido e potencializasse de maneira simbólica a autoconsciência das famílias pleiteantes como pertencentes a um grupo étnico-racial. Os demarcadores temporais que seus integrantes vinculavam à pedra operavam, assim, como *ritos de calendário* (Van Gennep, 1960), inaugurando um tempo concentrado de circulação intensa de trocas de dádivas com humanos, orixás, mortos e não humanos.

Foram escolhidas para serem comemoradas as datas de São Jorge, da Consciência Negra e do Samba. Nelas, algumas ações rituais específicas eram realizadas, como a "lavagem" da Pedra do Sal por praticantes do candomblé, com especial participação do Afoxé Filhos de Gandhi; a oferta de comida de santo para os falecidos e notórios sambistas, portuários e filhos de santo que no passado frequentaram a pedra; a distribuição para os convidados de comidas associadas aos hábitos alimentares dos escravos, como feijoada ou frango com quiabo; e a apresentação de grupos cuja base musical era os instrumentos percussivos. Além de amigos e vizinhos, participavam integrantes do movimento social em prol da moradia popular, do movimento negro, intelectuais, agentes do Estado e jornalistas, presenças importantes na legitimação do pleito étnico. Mas não eram afirmados apenas os aspectos jurídicos e políticos do patrimônio da Pedra do Sal; sua eficácia era principalmente baseada em suas noções identitárias e religiosas, a partir do pertencimento dos pleiteantes aos "afrodescendentes" e ao "povo do santo".

Além dos integrantes do Quilombo da Pedra do Sal, contatei durante a pesquisa intelectuais e profissionais que apoiavam ou mediavam o pleito étnico e que eram considerados fundamentais para extrapolar os contornos locais do conflito habitacional devido a suas atuações em agências governamentais, organizações não governamentais ou universidades. Ainda em dezembro de 2007 fui à sede da Koinonia, no bairro da Glória, área central da cidade, sendo recebida pela historiadora Ana Gualberto.[56] Ela explicou que a organização tinha como principal área de atuação as comunidades quilombolas do meio rural e só recentemente estava acompanhando dois pleitos na cidade do Rio de Janeiro: o da Pedra do Sal e o da Sacopã, localizada no bairro da Lagoa, Zona Sul. A comunidade quilombola da Sacopã teria, em sua

---

[56] Em 2005, trabalhei em Koinonia como pesquisadora do Projeto Balcão de Direitos Humanos, financiado pelo governo federal e desenvolvido nas "comunidades negras rurais" de Alto da Serra (Rio Claro/RJ) e Preto Forro (Cabo Frio/RJ), o que facilitou meu acesso à organização e à historiadora.

opinião, mais possibilidade de obter a titulação do território, pois os moradores já possuíam usucapião de mais de 40 anos, o que fornecia um maior reconhecimento jurídico ao pleito.[57] Mas confirmou que a Pedra do Sal ganhara notoriedade no governo federal porque era objetivo do MNU aumentar sua atuação na Zona Portuária.

Segundo Ana, Damião enviou notícias para serem divulgadas no site da organização desde a certificação do Quilombo da Pedra do Sal. Mas negou que tivessem recebido qualquer pressão financeira da Comunidade Europeia para não apoiar o pleito ou noticiar o conflito: a Koinonia apenas tinha sido procurada por uma representante da Vot para que desse "direito de resposta" à entidade em relação a uma carta em que entendiam que seus dirigentes tinham sido ofendidos. Ana afirmou que tinha sido um posicionamento da própria organização não se envolver diretamente no conflito da Pedra do Sal, fazer somente seu "monitoramento", e que os dirigentes da Cohre, organização não governamental também noticiadora do pleito, tinham adotado a mesma posição política.

No mesmo dia, fui à sede do Incra, localizada também no bairro da Glória, sendo atendida por Miguel Cardoso, antropólogo responsável pela titulação dos territórios quilombolas no estado do Rio de Janeiro. Segundo Miguel, o Relatório Histórico e Antropológico sobre o Quilombo da Pedra do Sal ainda estava em fase de revisão pelas pesquisadoras da UFF que haviam sido contratadas pelo instituto. Mas a Vot havia contestado judicialmente o pedido de reconhecimento do quilombo, conseguindo uma liminar que paralisou todo o processo de identificação, incluindo os estudos técnicos. A Procuradoria

---

[57] Para uma comparação entre o pleito étnico do Quilombo da Pedra do Sal e o Quilombo do Sacopã, ver Rodríguez (2012).

do Incra estava tentando anular essa liminar e Damião acreditava que a atuação política do MNU junto ao governo federal auxiliaria na retomada do processo de titulação do quilombo.

Miguel solicitou que eu fizesse um requerimento oficial da UFRJ para consultar o "relatório preliminar" não publicado pelo Incra, e, com vocabulário jurídico, explicou que só após essa publicação os proprietários "confrontantes" e "ocupantes" do território pleiteado seriam "notificados", "desapropriados" e "indenizados" pelas terras e benfeitorias. Segundo ele, o pleito dificilmente seria exitoso, porque havia um único caso de quilombo urbano titulado no país,[58] e no Rio de Janeiro apenas um quilombo já tinha sido titulado, o de Campinho da Independência, na área rural de Paraty, em um processo encaminhado pelo Instituto de Terras e Cartografia do Estado do Rio de Janeiro (Iterj) e de fácil solução, porque a terra desapropriada era do governo estadual.

Retornei ao Incra na semana seguinte com o documento da universidade e, nessa segunda visita, Miguel falou sobre o grupo e os espaços pleiteados. Segundo ele, era o "santo" que unia os integrantes do Quilombo da Pedra do Sal. Exemplificou essa ligação com Marquinhos, morador da rua São Francisco da Prainha que trabalhava como vendedor de cachorro-quente em uma barraca ambulante no largo da Prainha e que, "apesar de nordestino, branco e homossexual", frequentaria a mesma casa de candomblé dos demais integrantes do quilombo. Miguel operava assim uma interpretação fluida sobre a definição jurídica de comunidade quilombola: em sua inter-

---

[58] No final de 2007, a Família Silva, moradora de Porto Alegre, capital do Rio Grande do Sul, era o quilombo em área urbana em fase mais adiantada de regulamentação fundiária, tendo já recebido do Incra um "termo de reconhecimento de posse" (Brustolin, 2011). Para outras informações sobre o processo de reconhecimento étnico da Família Silva, ver Carvalho (2006).

pretação, prevalecia o imaginário que conferia autenticidade cultural às práticas negras do candomblé e que considerava as categorias "nordestino" e "homossexual" símbolos da "opressão" e do "popular", podendo, por isso, ser também conjugadas à ideia de "resistência política".

O Relatório Histórico e Antropológico sobre o Quilombo da Pedra do Sal que acessei no mês de janeiro de 2008 havia sido elaborado pelas historiadoras Hebe Mattos e Martha Abreu e pela antropóloga Eliane Cantarino.[59] Sua construção narrativa teve como diretrizes as definições do art. 68 e do Decreto nº 4.887, que qualificavam como comunidade quilombola os "grupos étnico-raciais" que assim se autoatribuíssem, que possuíssem "trajetória histórica própria", "relações territoriais específicas" e uma "ancestralidade negra" relacionada com a "resistência à opressão histórica sofrida".

Para operar essas noções na defesa do pleito do Quilombo da Pedra do Sal, as relatoras propuseram haver uma tríade identitária que unia seus integrantes: o "porto", o "samba" e o "santo". A abordagem histórica foi referenciada nas noções de "direito de reparação" e de "dever de memória", e buscou identificar o "passado traumático" vivenciado pela comunidade quilombola. A importância do reconhecimento étnico do Quilombo da Pedra do Sal seria a defesa da memória afro-brasileira na Zona Portuária e a visibilidade do "patrimônio cultural herdado de seus antepassados escravos e africanos".

---

[59] Tentei agendar uma conversa com as relatoras e conseguir autorização para acessar as entrevistas com os integrantes do Quilombo da Pedra do Sal armazenadas no Laboratório de História Oral e Imagem da UFF. A conversa e o acesso às entrevistas, no entanto, foram negados, com o argumento de que o processo judicial ainda estava em andamento e que qualquer informação poderia ser utilizada como um acréscimo ao texto do relatório.

Já a abordagem antropológica foi referenciada na noção de "identidades sociais coletivas opostas" e apontou o tombamento da Pedra do Sal pelo Inepac em 1987 como o começo da oposição entre a comunidade quilombola e a Vot.

Nesse ano, teria se iniciado a implantação de uma "nova política imobiliária" pela direção da Vot, marcada pela gestão administrativa do frei Eckart Höfling, com um processo de reajuste de aluguéis dos imóveis tendo como base os preços de mercado. Os moradores que não puderam arcar com os novos custos foram despejados ou realocados, e os ocupantes informais, expulsos. Antes dessas medidas, muitos moradores de baixo poder aquisitivo entendiam as ações da Vot como "filantrópicas": pagavam aluguéis considerados "simbólicos" ou ocupavam informalmente as casas com a anuência da entidade, sendo que algumas famílias moravam sob essas condições havia mais de 50 anos.

Na década de 1990, após o esvaziamento de vários imóveis, a Associação de Moradores e Amigos da Saúde havia então ocupado alguns deles informalmente sob a liderança de Damião, que em seguida passou a residir em um sobrado na travessa do Sereno. Sua esposa Marilúcia também ocupou com a família de sua mãe o imóvel na rua São Francisco da Prainha, mas, de acordo com as relatoras, após a divulgação dos planos urbanísticos da Prefeitura para a Zona Portuária, outros inquilinos e moradores informais foram novamente expulsos dos imóveis por meio de ação policial ou processos de reintegração de posse. O ápice dessas expulsões teria ocorrido em 2005, quando 30 famílias que residiam em um sobrado na rua Mato Grosso, conhecido como Palácio das Águias, foram despejadas.

Na percepção dos moradores que formaram o Quilombo da Pedra do Sal, o Projeto Humanização do Bairro, que passou a ser implantado pela Vot em vários desses sobrados esvaziados, tinha como objetivos converter os moradores da Zona Portuária para os "valores católicos" e expulsar em especial aqueles pertencentes às "religiões do santo". Para eles, a entidade católica e os planejadores urbanos municipais reconheciam como tradicionais no Morro da Conceição apenas os moradores relacionados à ocupação portuguesa e espanhola, possuindo uma concepção preconceituosa do conjunto dos moradores dos bairros portuários ao considerá-los socialmente desestruturados.

Após apresentarem as percepções do grupo sobre o conflito, as relatoras abordaram os "fundamentos históricos" do pleito. O conflito entre as famílias e a entidade católica foi então organizado como uma versão contemporânea da Pequena África. Baseou-se principalmente em duas narrativas sobre o mito: a articulada pelo livro *Tia Ciata e a Pequena África no Rio de Janeiro*, do cineasta Roberto Moura; e pela proposta de tombamento da Pedra do Sal do Inepac elaborada pelo historiador Joel Rufino e pela museóloga Mercedes Viegas. Além de presentificar as imagens dos cortiços, do samba, das posturas municipais sanitaristas, do trabalho portuário e das práticas do candomblé, o relatório propôs algumas variações identitárias, espaciais e temporais da memória "afrodescendente" e "popular", construindo o que seriam os atuais protagonistas e antagonistas dramáticos do mito. O papel dos "brancos da elite portuguesa" foi então atribuído aos moradores do Morro da Conceição portadores da tradição portuguesa; o dos "católicos", aos dirigentes da Vot; e o dos "urbanistas", aos idealizadores do Plano Porto do Rio. Assim, através do relatório, as famílias pleiteantes se tornaram os "herdeiros do local de memória", ou seja, aqueles que encarnariam simbolicamente os valores culturais dos antepassados da Pequena África.

Para que o mito contemplasse também a história de vida dessas famílias, nos eventos históricos rememorados pelas relatoras foi conferida especial importância a Mano Eloi,[60] falecido trabalhador portuário nascido no estado do Rio de Janeiro e, portanto, não classificável como "baiano" ou "africano". Sua função narrativa, no entanto, foi estabelecer uma conexão entre o passado da Zona Portuária e as características socioculturais do Quilombo da Pedra do Sal, já que parte de seus integrantes se definia como afrodescendente e do candomblé, mas não era baiana ou africana, e sim procedente de famílias de outros municípios do estado. Como os pleiteantes possuíam diferentes trajetórias de moradia, as relatoras argumentaram que a "trajetória histórica própria" do grupo devia ser ancorada na noção de "reparação histórica": essas famílias seriam emblemas de uma "resistência" cultural e política contra uma sucessão de opressões que teria impedido aos afrodescendentes permanecerem morando na Zona Portuária e no Centro da cidade.

Segundo as relatoras, as "tradições negras" da região teriam sido "renovadas" e estariam atualmente presentificadas nos integrantes do Quilombo da Pedra do Sal e do bloco carnavalesco Afoxé Filhos de Gandhi. E como no Morro da Conceição o espaço que catalisava a memória da ocupação afro-brasileira na Zona Portuária era a Pedra do Sal, oficialmente reconhecida como monumento da "cidade negra" pelas políticas do patrimônio, ele se tornou o principal símbolo do pleito.

Com a afirmação dessa "renovação da tradição", 12 integrantes do Quilombo da Pedra do Sal foram listados no relatório, e sua ordem de apresentação se pautou pela percepção de maior ou menor autenticidade cultural em relação ao plei-

---

[60] O portuário Mano Eloi é reconhecido pela literatura histórica como importante líder sindical dos estivadores e como um dos sambistas que criou a Escola de Samba Império Serrano e o Jongo da Serrinha. Outras informações sobre Mano Eloi podem ser vistas em Marcondes (1977); Silva e Oliveira (1981); e Castro (1998).

to étnico. Primeiro foram apresentadas duas "matriarcas" moradoras da Zona Portuária desde a década de 1950. Em seguida, cinco moradores "militantes negros e de movimentos comunitários", descendentes da "última geração de africanos escravizados para a expansão cafeeira no Rio de Janeiro oitocentista" e/ou de "estivadores negros" que chegaram na região "logo após a abolição" e participavam das atividades "do santo" e "do samba". E, ao final, cinco integrantes que aderiram ao pleito por estarem também em conflito com a Vot e que possuíam, segundo as relatoras, um "espírito quilombola", definido como o desejo por uma "vida comunitária".

Em abril de 2008, Miguel me informou por telefone que tinham sido incluídos na delimitação final do território étnico os espaços da Pedra do Sal e do largo João da Baiana. No entorno do largo João da Baiana, foram ainda pleiteados dois sobrados na travessa do Sereno, utilizados pelo centro comunitário do Projeto Humanização do Bairro, e outros dois utilizados residencialmente. A Bodega do Sal e o restaurante Victoria Self Service ficaram fora do pleito. Todos os 17 imóveis do lado ímpar da rua São Francisco da Prainha, no trecho entre os largos da Prainha e João da Baiana, também compuseram o território: nove sobrados de dois andares utilizados como moradia ou de forma mista, com algum tipo de atividade comercial no térreo, como depósito de produtos e equipamentos; um sobrado que havia recebido o acréscimo de um terceiro andar e que uma tabuleta de chão indicava ser a Pensão Marie; dois imóveis que haviam sido unificados em um grande galpão para abrigar uma oficina de papel; três imóveis desocupados que compunham um único e amplo conjunto visual identificado na fachada como a sede da administração da Vot em 1897; e dois imóveis ocupados pelos cursos de profissionalização de padaria, gráfica e marcenaria do Projeto Humanização do Bairro. Além deles, foi incluído o sobrado na rua Camerino onde estava sediado o Afoxé Filhos de Gandhi. Foi indicado o reconhecimento de alguns "marcos simbólicos e territoriais identificados com a memória e a história negras": toda a área contida entre o largo da Prainha e o Morro da Saúde, incluindo o antigo mercado de escravos do Valongo, o cemitério dos pretos novos e a retroárea portuária dos bairros da Saúde e Gamboa.

Assim, operando uma versão do mito de Pequena África, alguns moradores propuseram uma nova forma de percepção dos espaços do Morro da Conceição e da Zona Portuária, que os conectavam à memória negra, à moradia popular, ao trabalho portuário, ao samba e às práticas de candomblé. Apresentaram-se como "herdeiros do local de memória", dramatizando uma continuidade histórica desse patrimônio, que teria sido formado por escravos e africanos aportados na Zona Portuária e transmitido aos negros baianos e fluminenses que frequentavam a Pedra do Sal após a abolição da escravidão, e, atualmente, portado pelos moradores despejados pela Vot, comprometidos com a perpetuação da cultura afro-brasileira. A Pedra do Sal tornou-se então uma importante referência de seu passado mítico e o espaço onde ritualizavam suas comemorações aos dias de São Jorge, da Consciência Negra e do Samba.

As obras sociais para uma "população marginalizada"

No ano de 2008, a Vot[61] se apresentava em seu site institucional como uma sociedade civil, de caráter religioso, bene-

---

[61] Segundo Martins (2006), a Ordem Terceira de São Francisco surgiu no continente europeu no século XIII com o intuito de tornar interdependentes

ficente, educacional, cultural, assistencial e filantrópica. Sua sede estava localizada na Usina, Zona Norte da cidade, onde possuía um grande hospital. A entidade ainda administrava "obras sociais" no Morro do Vidigal, Zona Sul da cidade, e no município de Duque de Caxias, e possuía um cemitério no Caju e a Igreja São Francisco da Penitência, no Largo da Carioca. A "missão" que se atribuía era o cuidado do "doente", em um discurso que conferia uma noção religiosa às atividades que desenvolvia, e estruturava o mundo opondo as ideias de "saúde" e "doença".

A ocupação da entidade no Morro da Conceição era miticamente narrada a partir do momento fundador de suas obras sociais. Segundo essa narrativa, em 1696 o advogado português padre Francisco da Motta recebeu um terreno na rua da Prainha como forma de pagamento de uma grande ação judicial movida contra os beneditinos situados no Morro do São Bento. Construiu nele a Igreja de São Francisco da Prainha e, ao morrer, em 1704, fez a doação testamentária da igreja à Vot. Em 1897, a entidade criou nessa igreja uma pequena escola com duas turmas de alunos que, em seu nome, homenageava o padre. Em 1922, a escola foi transferida para um pequeno prédio construído nos fundos do adro de São

---

os diferentes membros que compunham a Igreja Católica e a sociedade leiga. Foi denominada de Terceira porque já existiam a Ordem Primeira, formada pelos frades, e a Ordem Segunda, composta pelas freiras. No Rio de Janeiro, a instalação dos religiosos franciscanos ocorreu no início do século XVII, em um convento no Morro de Santo Antônio, área central da cidade. Durante o período colonial brasileiro, os frades franciscanos seguiram as diretrizes adotadas em Portugal, que postulavam a simplicidade material e a prestação de serviços espirituais, como sermões, ladainhas e missas. E a Vot ficou responsável pela administração dos legados que esses frades recebiam, o que fez com que se tornasse, no início do século XIX, a principal proprietária de imóveis da cidade.

Francisco, no beco João José, e manteve turmas da pré-escola à 4ª série do ensino fundamental que atendiam a 250 alunos. A transformação da atuação da Vot no morro tinha ocorrido em 1999, quando a entidade elaborou a expansão de suas atividades educacionais e a implantação de programas assistenciais. Em 2001, começaram as atividades do Projeto Humanização do Bairro, composto por "programas de saúde, profissionalização e atendimento a mulheres" que incluíam consultas médicas, palestras de aconselhamento familiar e psicológico, atendimento jurídico e cursos de informática, cabeleireiro, costura, marcenaria, manicure, artesanato, padaria, entre outros. Em 2003, a escola passou a oferecer o ensino fundamental completo e a atender mais de 900 alunos. Em 2005, foi inaugurado o Colégio Sonja Kill, onde alunos egressos da escola podiam completar o ensino médio. Nessa clivagem, o site citava a "luta incansável" de frei Eckart Höfling, que, nascido na Alemanha e ordenado sacerdote em 1966 em Santa Catarina, assumiu em 1987 a Superintendência Geral da entidade no Rio de Janeiro. Através de sua rede social, o frei havia conseguido o financiamento de organizações brasileiras, alemãs e europeias para a implantação dos projetos no morro.[62]

Entre os meses de abril e setembro de 2008, visitei diferentes espaços dos projetos educacionais e assistenciais da Vot no morro, participei de eventos que envolviam seus gestores e apoiadores e conversei com alguns de seus pro-

---

[62] O site listava as seguintes instituições financiadoras: Associação de Amigos do Padre Eckart, Missionszentrale der Franziskaner, Rotary Internacional e Rotary Clubes, Fundação Rotária, Comunidade Europeia, Governo Federal da Alemanha, Governo da Baviera, Caritas Obra Papal, Fundação Sonja Kill, Rosner Backstube, Fundação Georg-Ludwig-Rexroth-Stiftung, Clube da Alemanha e Rio de Janeiro e Ação dos Operários de Oberhausen. Informações disponíveis em: <www.vot.com.br>.

fissionais. Comecei a pesquisa agendando um encontro com Cristina, coordenadora de educação infantil da Escola Padre Dr. Francisco da Motta. Ela contou que as escolas possuíam três critérios de admissão: moradia na Zona Portuária, ser filho de funcionário da entidade ou irmão de um aluno já matriculado. Naquele ano, havia 1.100 alunos na escola e 120 no Colégio Sonja Kill, todos estudando durante um período do dia e no outro frequentando os cursos oferecidos pelo Projeto Humanização do Bairro.

Segundo Cristina, uma vez por mês, às quintas-feiras, a Vot e outras entidades atuantes na região, como a Cedae, a Light, o Rotary Club da Saúde, associações de moradores e de comerciantes, organizavam um café da manhã para discutir "problemas da comunidade" com representantes do Conselho Comunitário de Segurança Pública, vinculado à Secretaria Estadual de Segurança Pública. Nesse mesmo dia, a escola oferecia um almoço para o Rotary Club da Saúde, cuja presidente era sua diretora geral. Cristina explicou que o Rotary Club era um "clube de ação comunitária" sem vínculo religioso, composto por comerciantes e moradores da região, e que os almoços eram "eventos beneficentes" em que os participantes pagavam pela comida e bebida consumida, angariando dinheiro para a escola.

Fui convidada para participar da reunião desse conselho comunitário no mês de maio, realizada na sede do Banco Central, na avenida Rio Branco. Cerca de 40 pessoas compareceram e debateram os usos dos espaços da Zona Portuária e os mecanismos de "controle" e "segurança" que precisavam ser criados durante a implantação dos projetos de "revitalização urbana".

A reunião começou com Darcy Birger, integrante do Rotary Club da Saúde, manifestando a preocupação com o incentivo aos usos noturnos da rua Sacadura Cabral. Ele considerava que o fim das atividades portuárias tinha sido positivo, por ter diminuído as possibilidades de "desvios" como o "meretrício", mas alertou que as concessões para a instalação de bares poderia trazer "tudo o mais". Embora Darcy tenha deixado esta expressão sem definição, seu significado foi compreendido e completado pelos presentes. Assim, logo em seguida o presidente do conselho e empresário do mercado imobiliário, José Maria, conclamou as entidades a se oporem à proposta da vereadora Leila do Flamengo, de incentivo à criação de um polo turístico na Zona Portuária que atraísse "os homossexuais e os travestis de Copacabana e Ipanema". Ou seja, o "tudo o mais" estendeu-se para outras sexualidades tidas como desviantes.

Milton San Roman, presidente do Polo Empresarial da Rua Larga, que incluía comerciantes e empresários da avenida Marechal Floriano, da rua Sacadura Cabral e do Morro da Conceição, afirmou que tinha conversado com algumas "pessoas tradicionais e que acordam cedo" e que elas relataram se sentirem agredidas ao verem os homossexuais que frequentavam a boate The Week se beijando na rua. Em sua opinião, os ambientes noturnos deviam ser controlados porque podiam ainda movimentar o consumo de drogas. Sua entidade estava então planejando implantar um projeto de segurança com câmeras de monitoramento para "reeducar ou estabelecer limites àquelas pessoas que têm agredido às comunidades". Sua fala reforçava, assim, a estruturação dos espaços da região por meio das oposições "diurno" e "noturno", sendo o primeiro considerado "seguro" e ocupado por "moradores tradicionais" e o segundo, "perigoso", frequentado por "desviantes".

O vereador Luís Alberto, convidado para a reunião por ter atuado durante dois anos como secretário de Habitação da Prefeitura, propôs então um posicionamento conciliador entre as noções de "segurança", "moralidade" e "revitalização", colocando como mediadora entre elas a noção de "riqueza". Concordou que o crescimento do comércio trazia sempre um pouco de "transtorno", mas argumentou que se fosse controlada a "desordem" haveria também benefícios econômicos na transformação de um "porto decadente" em um "porto voltado para a cidade", citando a possibilidade de instalação de novos equipamentos de comércio, cultura e lazer, como ocorrido em Buenos Aires e Barcelona.

E foi a essa ideia de "decadência" que Gabriel Catarina e Eduardo Pedro, representantes da Associação de Moradores e Amigos da Gamboa, se referiram em suas falas. Como forma de demonstrar o "desrespeito" da proposta da vereadora Leila do Flamengo e de outros "políticos" com a Zona Portuária, Gabriel comentou que havia existido, tempos atrás, uma proposta de remoção da Vila Mimosa[63] para um dos galpões da retroárea portuária. Eduardo completou, também em tom de denúncia, que já havia sido feito um recolhimento de "mendigos" e "menores abandonados" da Zona Sul para serem encaminhados para a região. E outra integrante do Rotary Club da Saúde, Carmelina, criticou a constante escolha da Prefeitura de concentrar nos bairros portuários as atividades da cidade que não eram "bem-vistas".

---

[63] A Vila Mimosa era a denominação de um conjunto de casas localizado no bairro da Cidade Nova, Centro da cidade, que concentrou a prostituição da "zona do Mangue", na década de 1970, após dezenas de imóveis que abrigavam a atividade na região serem demolidos para a construção do centro administrativo da Prefeitura. Em 1995, a vila foi também demolida para a construção do centro de telecomunicações Teleporto e, depois de debates envolvendo governantes e a população da cidade, seus habitantes foram reinstalados em torno de um galpão na praça da Bandeira, Zona Norte da cidade (Simões, 2010).

Encerrando a reunião, o responsável pelo Grupamento de Policiamento em Áreas Especiais no Morro da Providência, capitão Zuma, disse que considerava a ocupação militar desse morro fundamental no processo de revitalização da Zona Portuária e que, para combater o tráfico de drogas do local, sua meta era recrutar os jovens para que não se tornassem "traficantes". Em sua avaliação, o distanciamento dos jovens em relação às drogas já acontecia com a ocupação militar do morro, porque muitos traficantes estavam sendo mortos ou presos. Após falar do combate dessa figura tida como a mais "perigosa" da região, o "traficante", Zuma solicitou que o conselho elaborasse um relatório sobre os projetos de revitalização para que ele fizesse um pedido de aumento de efetivo do grupamento militar.

Com o término da reunião, me apresentei a Regina, presidente do Rotary Club da Saúde e diretora geral da Escola Padre Dr. Francisco da Motta. Ela me convidou para participar do almoço na escola. Entre os cerca de 30 participantes que se acomodaram em mesas e cadeiras de alumínio em seu terraço, a maioria tinha estado na reunião do conselho comunitário. O café da manhã e o almoço ajudavam, assim, a articular o circuito social da Vot na região, possibilitando que a entidade mantivesse contato com instituições governamentais, comerciais, empresariais, assistenciais e de representação política de moradores.

Em comum, os unia o desejo de controle dos espaços da região através de ações de educação, assistência, distanciamento ou punição dos habitantes. Esses eram percebidos em uma gradação valorativa entre "morador", "desviante/decadente" e "criminoso". Segundo essa hierarquia, moradores eram os que possuíam hábitos diurnos e condições regulares de moradia. Para desviantes e/ou decadentes, a denominação oscilava de acordo com os falantes, eram as prostitutas, os dependentes químicos, os favelados, os menores abandonados e os mendigos, figuras para as quais as instituições elaboravam projetos de conversão a uma moralidade e sociabilidade tidas como positivas ou que buscavam evitar a convivência. E criminosos eram os "traficantes", aos quais destinavam-se apenas os projetos de prisão e morte.

Após esse dia, agendei uma conversa na escola com a coordenadora geral do Projeto Humanização do Bairro, Adélia Vallis. Ela contou que, quando as atividades do conselho foram iniciadas, o café da manhã era sempre organizado no Batalhão da Polícia Militar, na praça da Harmonia, na Gamboa. Mas como algumas pessoas tinham medo de entrar no batalhão e ser chamadas de "X9" — gíria que se referia aos que delatavam para a polícia práticas ilícitas —, as instituições decidiram organizar o evento de forma itinerante. O uso dessa gíria, no entanto, indicava que as classificações de determinados habitantes da região como "decadentes", "desviantes" e "criminosos" produzia também contraposicionamentos em relação aos mecanismos de controle propostos pelo conselho.

Por sugestão de Adélia, nos encontramos depois no hospital da Usina, onde estavam os relatórios fotográficos e financeiros dos projetos sociais da Vot no Morro da Conceição. Ela então narrou a ocupação do morro pela entidade apresentando duas variações específicas em relação ao site institucional. Primeiro, descreveu a doação do padre Francisco da Motta, incluindo, além da Igreja da Prainha, 53 escravos, algumas casas, um trapiche e um território que se estendia da praça Mauá até a Pedra do Sal, informação que se tornara relevante no contexto da disputa travada com os integrantes do Quilombo da Pedra do Sal.

A segunda variação foi sobre a "nova etapa" dos projetos no morro, narrada a partir de uma sequência de eventos em que ganhava importância não apenas a participação de Frei Eckart, mas também a reformulação administrativa da entidade e a parceria com o Rotary Club. Segundo Adélia, até o início do século XX o hospital da Vot estava instalado na base do Morro de Santo Antônio, mas o desmonte realizado pela reforma de Pereira Passos deslocou suas instalações para duas chácaras na Usina. Com o passar dos anos, o estabelecimento ficou conhecido como um centro de maternidade, mas, como os descendentes dos beneficiários que haviam financiado o hospital já estavam na terceira ou quarta geração e não pagavam por sua utilização, em 1987 o hospital entrou em um processo de falência, devendo cerca de 600 causas trabalhistas.

Sem conseguir sanar as dívidas, os bens da entidade foram entregues à Ordem Primeira, sediada em São Paulo, que transferiu frei Eckart para o Rio de Janeiro como interventor do hospital. O frei negociou as dívidas trabalhistas, transformou a maternidade em hospital geral, cancelou o convênio com o instituto previdenciário federal, fez acordos com diversos planos privados de saúde e desonerou o hospital da manutenção financeira da Escola Padre Dr. Francisco da Motta. Para sustentá-la, fez um empréstimo no banco católico Pax-Bank e, para pagar o empréstimo, criou na Alemanha duas organizações que recebiam doações: a Fundação de Amigos do Padre Francisco da Motta e a Associação dos Amigos do Frei Eckart.

Em 1998, o frei e Adélia se conheceram durante a Conferência Presidencial Pan-Americana Novos Mundos-Novos Desafios, que reuniu na cidade mais de 5 mil rotarianos de países americanos. Adélia seria empossada naquele ano governadora do Rotary do Rio de Janeiro e foi apresentada ao frei por dois governadores rotarianos alemães. Frei Eckart então a convidou para apoiar a ampliação da escola, mas Adélia condicionou a participação à implantação de alguns "padrões educacionais": a extensão do ensino até a 8ª série, a oferta de alimentação, o desenvolvimento de programas de "inclusão digital" e de capacitação profissional e a obrigatoriedade do turno integral. Na opinião de Adélia, os alunos que saíam dessa escola com 10 anos de idade "iam para rua" porque não havia escolas públicas locais que os absorvessem. E, remetendo-se ao "massacre da Candelária"[64] e colocando-os em um imaginário relacionado ao perigo, disse que "possivelmente alguns deles fossem ex-alunos" da escola.

Para ampliar a escola, a Vot uniu internamente as áreas de várias casas contíguas no morro, totalizando 3.500m². Mas, durante a obra, os 400 mil dólares doados pelos rotarianos não foram suficientes: começou a brotar água da pedra que ficava na base das casas e foi oneroso remover o entulho das demolições e o lixo que havia no terreno atrás da escola. Para cobrir esses custos imprevistos, os parceiros alemães do projeto procuraram o Ministério de Ação Social da Alemanha, que contribuiu com mais 500 mil dólares, e o governo estadual da Baviera, que doou 85 mil dólares para instalar uma cisterna. A construção do colégio foi toda financiada pela Fundação Sonja Kill. E, em 2008, o custo mensal de manutenção da escola e do colégio era de 200 mil reais.

Já o Projeto Humanização do Bairro foi orçado em 1,7 milhão de euros pelo Vot e o Rotary foi convidado mais uma vez a apoiá-lo. As duas entidades então o apresentaram à Comunidade Europeia, argumentando que seu objetivo era atuar

---

[64] Referência à chacina que ocorreu em uma madrugada de julho de 1993, quando policiais militares pararam em frente à Igreja da Candelária, Centro da cidade, e atiraram em mais de 70 crianças e adolescentes que estavam dormindo, matando oito jovens e ferindo vários.

junto a uma população classificada pelo governo brasileiro como "marginalizada", devido à pouca oferta de serviços públicos em seu espaço de moradia. Assim, articulando novamente um discurso que associava a região à carência, a Vot teve o projeto aprovado em 2000. A Comunidade Europeia financiou 75% dele, exigindo que os demais 25% fossem custeados por uma organização não governamental europeia, que deveria se responsabilizar também por sua administração financeira. Entraram como parceiros do projeto uma missão franciscana alemã e a Caritas Obra Papal. A Vot assumiu a execução do projeto e a disponibilização de 30 imóveis e o Rotary doou equipamentos para os cursos de marcenaria, padaria, gráfica e computação e para os laboratórios que funcionavam na escola.

Ao fim da conversa, Adélia me apresentou à designer Michele, que expôs o funcionamento dos subprojetos do Humanização do Bairro e como tinha sido sua distribuição pelas casas do morro. Segundo Michele, entre os cursos, as maiores procuras foram pelos de técnicas artesanais, música, cabeleireiro e manicure, corte e costura, informática e telemarketing, localizados no adro de São Francisco, e para os cursos de padaria, artes gráficas e marcenaria, na rua São Francisco da Prainha. Alguns cursos não tiveram funcionamento regular por falta de inscritos ou de professores, como os de auxiliar administrativo, gestão e microcrédito, eletrônica e eletricidade, camareira, pintor e ladrilheiro e tecelagem.

O "centro de crianças com estrutura familiar", idealizado para atender crianças "em risco" que ficassem sob a tutela da Vot, ocupou uma casa no beco João Ignácio. Esse centro seria gerenciado por funcionários denominados "pais sociais", e as crianças seriam atendidas pela escola e pelos cursos. Michele explicou que a entidade já possuía um centro desses no município de Rio Bonito e que nem todas as crianças atendidas eram órfãs, os pais de muitas delas tinham perdido a guarda legal devido a "maus-tratos, violência ou negligência". Ela então exemplificou o tipo de criança que o projeto pretendia atender na Zona Portuária, narrando o caso de três alunos da escola que eram filhos de uma "prostituta" que morreu e que, na falta de parentes para abrigá-los, foram adotadas informalmente pelos "pais da comunidade". Mas, segundo Adélia, esse centro não pôde ser implantado no morro porque um acordo entre a Prefeitura e o Juizado da Criança e do Adolescente do Rio de Janeiro havia proibido que instituições possuíssem a guarda ou adotassem crianças.

O subprojeto "saúde básica" ofereceu no Centro Comunitário da travessa do Sereno e em uma casa no adro atendimentos odontológicos e médicos em diversas especialidades. No Centro Comunitário foram ainda realizados cursos de nutrição, de cuidados com bebê e idosos e atendimento jurídico, dentro do subprojeto "promoção de mulheres"; e cursos de prevenção à dependência química e atendimento psicológico no subprojeto "centro de contato e informação". Já o "centro de tradição e cultura" instalou a Casa de Cultura no adro para abrigar exposições, uma biblioteca no beco João José e um cineteatro com capacidade para 100 pessoas no sobrado denominado localmente de Palácio das Águias, cujo despejo de moradores tinha sido o estopim da formação do Quilombo da Pedra do Sal.

Assim, através das atividades educacionais e assistenciais no morro, a Vot propôs a inserção da "população marginalizada" da Zona Portuária em um "mercado formal" de trabalho, que se opunha estruturalmente às atividades que articulava como "criminosas" e "desviantes" do tráfico de drogas e da prostituição. Relacionando seus espaços à noção de "perigo", ofereceu ainda "estrutura familiar" e "saúde básica" a essa população, itens que identificavam como inexistentes ou precários. E, para divulgar a "tradição" e a "cultura" que consideravam positivas, construiu espaços para a exposição de livros, fotografias, artes plásticas, filmes e peças teatrais.

Para saber como fora o processo de reforma das casas utilizadas pelos projetos, conversei com o engenheiro civil e industrial Carlos Pinheiro, que trabalhava para a Vot desde 1997, mas assumiu as obras no morro apenas em 2001, quando foi necessário fazer modificações que atendessem a exigências do órgão patrimonial da Prefeitura. Ele propôs então recuperar fisicamente o casario sem alterar a volumetria e os desníveis, valorizando a "beleza" e a "limpeza". Segundo Pinheiro, a entidade possuía cerca de 800 imóveis na cidade, sendo que mais de 120 estavam localizados na parte do Morro da Conceição voltada para a rua Sacadura Cabral. No começo da implantação dos projetos sociais, algumas casas eram alugadas, mas cerca de 70% eram ocupadas irregularmente e quase todas se encontravam em "péssimo estado" por terem sido alteradas internamente do "original" com técnica de pau a pique. Assim, para além da oposição "inquilino" e "invasor", articulada para se referir aos habitantes dos imóveis, Pinheiro percebia todos aqueles espaços como sujos, instáveis e perecíveis.

A administração de frei Eckart tinha retirado os "invasores" e recuperado os imóveis. O primeiro conjunto de 14 casas e dois terrenos foi desocupado para a ampliação da Escola Padre Dr. Francisco da Motta e a criação do Colégio Sonja Kill. A escolha dos materiais utilizados na reforma das casas foi pautada pelo desejo de "conservação", com a adoção dos considerados de "alta qualidade" e "durabilidade". Todas as paredes de pau a pique foram derrubadas e substituídas por blocos de cimento, as lajes de madeira foram trocadas por pré-fabricadas de concreto, as telhas foram feitas com "madeira de primeira", o piso recebeu revestimento de granito e foram construídos banheiros "de qualidade" e uma grande cisterna para abastecer de água todo o complexo. Muitas madeiras também foram reaproveitadas por serem em pinho de riga, considerado de boa qualidade, mas mesmo nelas foi dado um novo tratamento físico ou químico que possibilitasse sua retirada da realidade anterior, considerada "decadente". Para o engenheiro, a ação de "reforma" era, portanto, a demarcação de um novo tempo dos espaços do morro e também um embate cosmológico entre os ideais franciscanos e as características negativas que percebia estruturarem as habitações da Zona Portuária.

O processo de reforma foi narrado por Pinheiro como um período muito difícil de sua vida, que teria provocado nele duas paradas cardíacas. Na véspera de um dos infartos, ele estava em uma das casas e pegou "um monte de troço de piolho, pulga, uma coisa horrível", se deparando assim com a presença não só de humanos, mas também de animais que percebia como uma extensão da sujeira e pobreza daqueles espaços. Os momentos de dificuldade, no entanto, eram narrados como ultrapassados e recompensados com o que Pinheiro achava ter sido uma das melhores criações da ampliação da escola: a construção de uma área de lazer ao ar livre para os alunos brincarem.

O engenheiro falou desse espaço enfatizando seu aspecto religioso, como uma "inspiração de São Francisco" que teria sido dada a frei Eckart. Segundo Pinheiro, a equipe de obra instalou uma laje para colocar telhado no segundo andar de duas casas, mas teve de aguardar entre 17 e 28 dias para a laje descurar, ação que variava conforme a umidade do ar.

Nesse tempo, os alunos da escola soltaram pipa e brincaram de roda na laje e, quando o frei viu o uso, decidiu que ali não seria mais colocado um telhado, e sim feito um terraço. Mas essa alteração do projeto não era permitida pelas legislações patrimoniais, nem municipal nem federal, pois aumentava a volumetria da edificação. Apesar de inicialmente Pinheiro ter sido contra a ideia, ele a executou porque devia uma "dupla lealdade" ao frei: como funcionário da Vot e por ser ele seu "dirigente espiritual". No entanto, havia seis anos que a Prefeitura emitia ordens de demolição dos terraços e se recusava a fornecer a Certidão do Habite-se da escola.

Para justificar essa escolha pela irregularidade perante os órgãos governamentais, Pinheiro articulou uma oposição entre as noções de "uso" e "forma", argumentando que a entidade trabalhava em favor da primeira e que os imóveis foram reformados para "o povo", coletividade difusa que estaria "acima dos interesses individuais" e das "exigências formais". Ainda estudava uma forma de colocar três portões nas vias de acesso da escola e transformar a área em um "condomínio fechado" para evitar "invasões", embora soubesse que haveria também implicações jurídicas ao tornar privadas vias que eram públicas.

Já no Projeto Humanização do Bairro, Pinheiro manteve a volumetria de todas as casas para evitar outro atrito com os órgãos governamentais. Ao narrar o processo de reforma, uniu novamente os aspectos físicos dos imóveis a uma avaliação moral de seus habitantes. Contou que, no início, tinha "levado revólver no rosto" três vezes, porque muitos moradores eram contrários à implantação do projeto e outros eram "da noite" e exigiam que os funcionários da obra só produzissem barulho a partir das 14 horas, horário em que acordavam. No entanto, com a reforma das casas e a implantação das escolas e dos cursos, Pinheiro percebeu que houve uma "evolução social da comunidade", fruto da "pedagogia com a espiritualidade franciscana":

> Vai ter alguma dificuldade, as pessoas são violentas, são agressivas. É do próprio ambiente. Mas tá muito melhor, isso tá uma paz hoje. No início era muito perigoso, a gente via assalto assim ao nosso lado. Mas realmente o que se vê agora, se fizer uma análise socioeconômica, uma análise histórica desses últimos 10 anos, da evolução social da comunidade, você vai ver que a educação, a reforma... Quer dizer, é uma mudança lenta, mas houve mudança. Só quem viveu e quem viu é que pode dizer que o povo tá mais educado, tá mais tranquilo. Ainda existem algumas reações. Mas sem disciplina não se consegue nada. E o povo era muito indisciplinado, muito solto. Na minha convicção de franciscano é uma revolução social que a gente tá fazendo ali. (...) Desde o início é uma pedagogia com a espiritualidade franciscana, é uma pedagogia que todo mundo gostaria de ter seus filhos. Talvez essa miscigenação entre os meninos, a maioria filhos de prostitutas, de mulheres do local, que também tá mudando um pouco a cara da praça Mauá, porque em paralelo (com a ampliação dos projetos educacionais) foi feito o Projeto Humanização do Bairro, que dá treinamento para que as mulheres possam ter outra profissão. Então a gente vê prostitutas fazendo curso de eletricidade, outras fazendo de cabeleireiro... E, vamos supor que tenham umas 500, se a gente conseguir salvar umas cinco ou seis, é bom. (Pinheiro, entrevista concedida em setembro de 2008).

O processo de intervenções nos aspectos físicos das casas do morro e nos morais e sociais dos seus habitantes, portanto, era entendido por Pinheiro a partir da noção de "reforma", ou de termos correlatos, como "resgate", "recuperação", "restauração", "reaproveitamento" e "salvação". Como categoria mediadora entre o tempo passado e o futuro, ele operava as noções de "inauguração" e "evolução", que era o momento fundador em que se considerava alterada a realidade tida como degradada e iniciada uma nova materialidade e moralidade.

Pinheiro contou ainda que a entidade pretendia implantar o Projeto Humanização do Bairro 2 em seis imóveis da rua São Francisco da Prainha que ficavam em frente ao largo da Prainha. A ideia era unificar a parte de cima de todos os sobrados para que a escola de música tivesse um grande salão para se apresentar e, no andar térreo, instalar "centros gastronômicos" e cursos para a formação de cozinheiros. Já no trecho da rua São Francisco da Prainha, entre os largos da Prainha e João da Baiana, onde estava a maior parte dos imóveis pleiteados pelo movimento quilombola, a ideia era retirar os inquilinos e oferecer outros cursos profissionalizantes.

Depois dessa expansão dos cursos, a Vot também planejava captar recursos para reformar a Igreja da Prainha[65] e criar um "mendigódromo", termo que utilizou para se referir ao projeto de abrigar moradores de rua em um prédio que a entidade possuía próximo à rodoviária Novo Rio. Além des-

---

[65] De acordo com Perci, inspetor de alunos da escola, "zelador" da Igreja da Prainha e um dos últimos moradores de uma das casas do adro de São Francisco, todos os alunos das escolas da Vot tinham aulas obrigatórias de religião e os que estavam fazendo a primeira comunhão deviam comprovar a ida à igreja todo domingo. As missas da Igreja da Prainha ocorriam nas manhãs de domingo e eram frequentadas apenas pelos alunos das escolas e por suas mães, que voluntariamente se encarregavam da limpeza da igreja, fazendo um mutirão mensal depois da missa. Os demais habitantes católicos do morro costumavam ir à capela de Nossa Senhora da Conceição, na rua Jogo da Bola, ou à Igreja de Santa Rita.

ses projetos, o frei também estava captando recursos para fazer um "hotel escola" e ocupar outro prédio da entidade na avenida Barão de Tefé, em frente ao Hospital dos Servidores. A proposta era que abrigasse "encontros de retiro", ofertasse cursos de camareira e absorvesse a mão de obra dos alunos saídos do Colégio Sonja Kill. Ainda com a intenção de utilizar essa mão de obra, a entidade pretendia criar uma faculdade de enfermagem. Segundo Pinheiro, a grande "obsessão" do frei era "tirar as crianças da rua", para que não fossem trabalhar para o tráfico.

Entre o conjunto de sobrados utilizados pelo Projeto Humanização do Bairro, visitei os que estavam no território reivindicado pelo Quilombo da Pedra do Sal. No centro comunitário instalado em frente ao largo João da Baiana, fui recepcionada por Ioná, coordenadora operacional do projeto. Ela contou que o perfil socioeconômico dos atendidos era de baixa escolaridade e principalmente de "mulheres vindas das regiões Norte e Nordeste do país, sem marido e com filhos", muitas residentes nos morros da Providência e do Pinto. Os cursos de profissionalização duravam 100 horas, eram realizados por cerca de três meses, possuíam em média 15 alunos e eram gratuitos, incluindo o material didático. Seus critérios de inscrição eram a residência na Zona Portuária ou no Centro da cidade e idade superior a 14 anos. Já o atendimento odontológico era disponibilizado apenas aos alunos das escolas da Vot, às mulheres grávidas e às crianças de até 14 anos e suas mães.

Toda a parte financeira do projeto era controlada pela sede administrativa que ficava no hospital na Usina, no morro não era movimentado dinheiro por "questão de segurança", já que o sobrado do centro comunitário havia sido arrombado e seus equipamentos roubados poucos dias após sua abertura, em 2004. Depois desse arrombamento, a Vot decidiu colocar grades em todas as janelas e portas das casas do projeto, mas, segundo Ioná, esse não era o principal problema que enfrentavam: o pior eram os tiroteios no Morro da Providência, quando o comando do tráfico de drogas mandava fechar o centro comunitário e as escolas para evitar a circulação das crianças.

Entre os cursos da rua São Francisco da Prainha, naquele momento estavam em funcionamento apenas os de padaria e marcenaria, o de gráfica estava sem turma. Os cursos ocorriam três vezes por semana, e cada aula durava três horas e meia. Visitei o curso de padaria durante o horário de aula e o professor solicitou que a aluna Joana me mostrasse as instalações. Joana trabalhava no porto, morava na Gamboa havia cinco anos e tinha um filho matriculado na Escola Padre Dr. Francisco da Motta. Ela contou que todos os cursos de profissionalização no morro eram introdutórios e aquela turma da padaria era a terceira: a primeira havia sido criada em dezembro de 2007 e composta por alunos do Colégio Sonja Kill e, a partir da segunda, tinham sido abertas à "comunidade". Os alunos não recebiam qualquer pagamento pela produção dos pães, que era de 600 unidades por dia e destinada ao café da manhã dos dois estabelecimentos de ensino. Havia ainda projetos para que essa produção fosse aumentada e servisse também à creche e ao hospital na Usina e, progressivamente, ao conjunto dos projetos da Vot no Rio de Janeiro, e para que fosse aberta uma loja de comercialização dos produtos.

Joana organizava voluntariamente, junto com outras mães de alunos, os almoços mensais para o Rotary Club na escola. Foi durante um desses almoços que soube da existência do Quilombo da Pedra do Sal, quando uma equipe formada por advogado, historiador e antropólogo foi apresentar aos pais documentos que visavam comprovar que o território pleiteado pelo grupo era de propriedade da Vot. Na opinião de Joana, o pedido de reconhecimento étnico era "sem eira nem beira" e tinha lhe causado especial estranhamento um dos integrantes do pleito ter um filho matriculado na escola.

Já no curso de marcenaria, cheguei fora do horário de aula e fui recebida pelo professor Paulo. As aulas eram oferecidas havia dois anos. Durante o curso os alunos faziam trabalhos manuais em madeira e apenas ao final usavam as máquinas voltadas para a produção em fábrica. Já tinham conseguido produzir objetos como gabinetes para computador, lixeiras, balcão e portas, que foram utilizados para equipar as escolas, o curso de informática e a biblioteca da Vot. Os produtos gerados no curso de marcenaria, assim como os da padaria, não eram remunerados nem utilizados para o consumo dos alunos. Segundo Paulo, o projeto da entidade era incentivar que eles abrissem seus próprios negócios, mas, até aquele momento, apenas um ex-aluno que já trabalhava anteriormente com máquina e madeira tinha conseguido organizar uma empresa. A maioria se interessava apenas em realizar pequenos trabalhos e consertos domésticos e as mulheres normalmente se voltavam para a produção de objetos artesanais. Paulo também contou que a ideia inicial era que o curso fosse frequentado apenas pelos moradores da Zona Portuária, mas, por causa do baixo interesse, havia sido aberta a possibilidade de inscrição de moradores de outras regiões da cidade. Em sua avaliação, os cursos da Vot não eram muito procurados porque as pessoas consideravam as profissões oferecidas pouco importantes. Somente o de informática havia tido um grande número de inscritos.

Os cursos de profissionalização não estavam, portanto, encontrando muita ressonância entre os que deveriam compor seu público — os "moradores pobres" da Zona Portuária —

por serem introdutórios e voltados para atividades pouco lucrativas. Além disso, as falas demonstravam que se voltavam principalmente para a manutenção das escolas e a formação e assistência de sua "comunidade escolar". E muitas vezes, nessa comunidade, podia haver uma expectativa de compartilhamento da visão de mundo dos franciscanos, como era percebido no espanto de Joana ao saber que um "pai de aluno" tinha organizado uma reivindicação contrária à Vot.

A transformação dos usos residenciais de vários imóveis do morro em projetos educacionais e assistenciais, portanto, movimentava diversos questionamentos e conflitos locais. E foi sobre o processo jurídico que possibilitou essa transformação de usos que conversei com a advogada Tatiana Brandão, no escritório jurídico da Vot, também na Usina. A advogada trabalhava para a entidade havia seis anos e tinha realizado os acordos de realocação e as ações de despejo dos moradores, conduzindo também judicialmente o pleito do Quilombo da Pedra do Sal.

Logo no início da conversa, Tatiana fez uma ressalva em relação ao termo que eu usava para me referir à formação do quilombo, dizendo que não havia nenhum "conflito", apenas "problemas judiciais". Em sua avaliação, o pleito era uma questão habitacional referente a leis de inquilinato, não uma questão étnica referente a leis de promoção da igualdade racial. Quando começou a trabalhar na entidade, contou que a maioria dos imóveis do morro era destinada à locação e o perfil dos inquilinos era de "baixa renda", com muitos morando lá havia vários anos e trabalhando no cais do porto, ou como "camelôs" ou no comércio do Centro da cidade. Mas, como muitos eram "inadimplentes" ou "invasores", foram desenvolvidas ações de despejo e de reintegração de posse. No entanto, negou que tivesse havido uma política de aumento de aluguéis para explorar economicamente a "revitalização urbana" da Zona Portuária. Segundo Tatiana, foi feita apenas uma revisão de preços baseada no valor de mercado dos imóveis e somente após a entidade decidir utilizar alguns para a ampliação de seus projetos sociais foram realizados os despejos, sendo que os que pagavam regularmente o aluguel foram realocados para outros imóveis do morro.

Mantendo essa diferenciação entre "bons inquilinos", "inadimplentes" e "invasores", Tatiana contou que o único problema grave que a Vot havia enfrentado tinha sido a desocupação do Palácio das Águias. Segundo a advogada, foi a inquilina desse sobrado quem quis rescindir a locação de mais de 40 anos, alegando que havia sublocado o imóvel e que os moradores estavam devendo a ela. A equipe jurídica foi então conversar com os sublocatários e deu um prazo para que desocupassem o imóvel, mas, como eles não aceitaram sair, a entidade desenvolveu uma ação judicial de despejo. Segundo Tatiana, "tinha angolano lá dentro, gente sem documento nenhum, gente que só tinha um colchonete e que botou nas costas e foi embora".

Segundo a advogada, quando foi iniciada uma ação judicial de reintegração de posse do imóvel que Damião ocupava de "forma ilegal" na travessa do Sereno, sua esposa Marilúcia procurou a Vot para negociar sua permanência, mas Tatiana argumentou que queria reaver o imóvel porque precisava de obras. Pouco depois desse encontro, cinco moradores apresentaram o certificado da Fundação Cultural Palmares se autodenominando comunidade quilombola. Em sua opinião, no entanto, nunca tinha existido um "movimento", o grupo era formado apenas por pessoas que não queriam pagar aluguel. Um dos que assinaram o certificado nem era inquilino da Vot e outro que havia aderido depois ao movimento era "um chileno", que, no momento do despejo, reivindicou ser quilombola. Assim, para Tatiana, nada diferenciava os integrantes do Quilombo da Pedra do Sal dos demais "inadimplentes" e "invasores", e a solicitação de reconhecimento étnico era considerada apenas um artifício jurídico para que conseguissem permanecer de forma "irregular" nos imóveis da entidade. Os "moradores" também eram contrários ao reconhecimento do quilombo e haviam participado com 2 mil assinaturas de um abaixo-assinado que explicitava esse posicionamento.

Para desqualificar o pleito, Tatiana afirmou que a titulação de um território étnico só se justificava em casos em que havia uma "comunidade" que vivia economicamente da terra, se referindo a "plantação, pesca e artesanato". E criticou que o relatório apresentado pelo Incra narrasse apenas as histórias de vida de Marilúcia, Damião e Luiz Torres, dizendo que além deles havia outros integrantes do quilombo que não tinham suas histórias conhecidas, como Marquinhos, o "chileno" Ernan, Rafael e Getúlio Brasil. Em sua opinião, não eram uma "comunidade" por não possuírem um cotidiano em comum, nem um "líder" ou atividades como festas e celebrações, tendo se unido apenas para evitar as ações de despejo.

A advogada já havia se encontrado com a antropóloga e as historiadoras que produziram o relatório para o Incra e contou que elas defenderam o pleito argumentando que o termo "quilombo" era relacionado à "preservação da cultura negra". Mas Tatiana considerava que o movimento dos trabalhadores do cais do porto e a "batucada" que faziam na hora do almoço não podiam ser classificados historicamente como um movimento quilombola. Para ela, a ocupação "tradicional" do morro era a dos franciscanos da Igreja da Prainha e a dos portugueses que moravam na "parte alta": a "Pequena África" ficava localizada na praça Onze, onde havia o monumento a Zumbi dos Palmares e a escola municipal Tia Ciata, construções que em sua opinião comprovavam que era ali que "os escravos iam fazer os batuques". Tatiana argumentou ainda que o tráfico negreiro que ocorria no Valongo era em um espaço do morro diferente do pleiteado pelo Quilombo da Pedra do Sal, por ser voltado para a rua Camerino e o Morro da Providência. E em relação a ter sido essa pedra um espaço de rituais do candomblé, Tatiana replicou de forma irônica: se fosse considerar como marco territorial todos os espaços de oferenda, "qualquer esquina, qualquer cruzamento vira quilombo".

4 O "povo do santo" do Valongo

SEDE DO AFOXÉ FILHOS DE GANDHI, RUA CAMERINO.
DEZEMBRO DE 2007.

"Agrados", "proteções" e "prestígios" na passagem do afoxé

A primeira vez que assisti ao bloco carnavalesco Afoxé Filhos de Gandhi foi em abril de 2008, quando seus integrantes se apresentaram na Pedra do Sal com atabaques e agogô durante as comemorações do movimento quilombola ao dia de São Jorge. Além de oferecerem apoio aos moradores em conflito com a Vot, a presença do bloco também se explicava pela inclusão no território étnico pleiteado de sua sede no Valongo.

Entre os componentes do circuito de herdeiros da Pequena África, a Pedra do Sal e o Valongo eram considerados os principais marcos territoriais e simbólicos afro-brasileiros no Morro da Conceição. Esses espaços estavam conectados por um trecho da rua Sacadura Cabral onde quase todos os sobrados eram utilizados no período diurno como estacionamento ou pelo pequeno comércio. Destacavam-se, por suas excepcionalidades de uso ou construtiva, apenas a igreja evangélica Universal do Reino de Deus, um prédio espelhado de oito andares do hotel Villa Reggia e as casas de show Trapiche Gamboa, Sacadura e The Week, de funcionamento noturno. No lado par do trecho da rua Camerino que servia de base ao morro, entre as esquinas das ruas Sacadura Cabral e Senador Pompeu, além do pequeno comércio e de uma ladeira de acesso ao Morro do Livramento, havia a praça dos Estivadores, para onde convergia a rua Barão de São Félix, ligada à estação ferroviária Central do Brasil.

Já no lado ímpar, também havia sobrados com usos comerciais diversos, mas quase metade do quarteirão era ocupada pelo monumental Jardim Suspenso do Valongo, elevado cerca de 10 metros da rua por uma murada de pedra. Ao centro do jardim, uma escadaria estreita e íngreme conectava a rua Camerino ao topo da ladeira Pedro Antonio e em seu portal ostentava duas placas: uma em aço que informava que o jardim havia sido inaugurado em 1906 e que suas quatro estátuas tinham sido trazidas do cais da Imperatriz, atracadouro reformado em meados do século XIX pelo projeto arquitetônico de Grandjean de Montigny para a chegada de Tereza Cristina, noiva do imperador dom Pedro II; e outra esculpida em pedra que informava ter sido o jardim uma obra da "Prefeitura do Districto Federal". Dentro dele, haviam quatro pedestais sem qualquer estátua, um sobrado de dois andares em ruínas, uma fonte d'água desativada e várias pichações, algumas com as letras "CV", sigla do Comando Vermelho, grupo que geria o tráfico de drogas do Morro da Providência.

A sede do Afoxé Filhos de Gandhi ficava em um sobrado de dois andares ao lado do jardim e de frente para a praça dos Estivadores. Depois da festa para São Jorge, encontrei novamente integrantes do bloco na comemoração ao Dia da Abolição da Escravidão, 13 de maio, desta vez no Instituto de Pesquisa e Memória Pretos Novos. Em seguida, contatei sua diretoria durante as reuniões do Porto Cultural, grupo de discussão sobre a revitalização urbana dos bairros portuários que havia surgido no início de 2008 e congregava pesquisadores, moradores e mais de 20 instituições.[66] O blo-

---

[66] Entre as instituições que compareciam às reuniões do Porto Cultural estavam as associações de Serviços Ambientais, de Bandas Carnavalescas do Rio de Janeiro, de Moradores e Amigos da Gamboa, Esportiva da Providência e Topinheco07; os sindicatos dos Estivadores e dos Portuários; os institutos Ação da Cidadania, Nacional de Tecnologia, de Pesquisa e Memória Pretos Novos, Sociocultural Favelarte e o Observatório do Valongo; as organizações artísticas Casa do Artista Plástico Afrodescendente, Companhia Aplauso, Caboon, Cia. Brasileira de Mystérios e Novidades, Pequena Central, Projeto Mauá e Spectaculu; e os blocos carnavalescos Afoxé Filhos de Gandhi, Banda do Morro da Conceição e Escravos da Mauá.

co chamava a atenção por ser o único portador de um patrimônio afro-brasileiro na região que comparecia aos eventos organizados pelos demais herdeiros da Pequena África. Embora esses herdeiros compartilhassem um ideal de sociabilidade e de cultura africanas, possuíam distintas trajetórias e interpretações do passado escravista da Zona Portuária, que faziam com que suas atuações no presente muitas vezes fossem divergentes.

A participação do Afoxé Filhos de Gandhi em todos os eventos sugeria que era considerado capaz de legitimar outros discursos e práticas referentes à identidade afro-brasileira. Esse reconhecimento social era em parte resultado das mais de cinco décadas de desfiles carnavalescos e apresentações do bloco nas áreas centrais e portuárias da cidade, já que havia sido formado em 1951 e os outros grupos que se reconheciam como herdeiros da Pequena África tinham se formado nos últimos anos. Ou seja, diante deles a excepcionalidade do bloco se dava também por sua perpetuação no tempo, que produzia a percepção de haver maior autenticidade de suas práticas.

Passadas algumas reuniões do Porto Cultural, eu soube que o bloco estava procurando técnicos para realizar um documentário em comemoração aos seus 60 anos, que ocorreria em 2011. Fui então a uma reunião da diretoria para me apresentar como voluntária e conversei durante alguns minutos com Carlos Machado, presidente do bloco, e com Ulisses, diretor de patrimônio. Combinamos que eu começaria a acompanhar e filmar os eventos a partir daquela semana de novembro, e eles enfatizaram que havia espaços diferenciados para homens e mulheres e também "fundamentos" e "segredos" do candomblé que precisavam ser seguidos para que todos ficassem "protegidos".

Participei durante um ano das atividades do Gandhi, como correntemente era chamado o bloco. Nesse período, quase todos os integrantes moravam em bairros afastados das áreas centrais e portuárias da cidade e, profissionalmente, atuavam no setor de serviços, como taxista, funcionário público, professor, inspetor escolar, cozinheira, faxineira, músico, enfermeira etc. Mas as unidades sociais de participação no bloco não eram determinadas por seus locais de moradia ou segmentos profissionais, como costumava ocorrer com outros blocos e agremiações carnavalescas da cidade. Suas unidades de participação eram as casas de candomblé, onde o sentido de pertencimento se encontrava vinculado ao coletivo mais amplo do "povo do santo".

O termo "afoxé" que utilizavam se referia tanto a um sentido religioso quanto recreativo. No sentido religioso, designava as saídas em cortejo das casas de candomblé para que os filhos de santo depositassem oferendas aos orixás em mares, rios e matas ou para que transportassem objetos sagrados e orixás de uma casa de candomblé para outra. Foi aludindo a essa prática que o mesmo termo tinha sido empregado pelos blocos carnavalescos que, ao se apresentarem recreativamente, tocavam e dançavam ijexá. Por isso, o Gandhi era também denominado por alguns como "candomblé de rua" ou o "lado profano do candomblé".

Dentro da divisão hierárquica do bloco, seus integrantes podiam ser classificados como "diretores" ou "desfilantes". Além de Machado e Ulisses, formavam a diretoria o vice-presidente Carlinhos, a produtora Regina Branca, a diretora de departamento feminino Tia Creusa e o diretor de charanga Nato. O núcleo principal de músicos da charanga era composto por Cabeça Branca, Galeto, Roberto, Alfredo, Cotoquinho e Luan. E o de dançarinos era formado por Mãe Marlene d'Oxum, Nazaré, Gustavo, Márcia, Dona Rosa e Elizete. A diretoria se responsabilizava pela execução dos fundamentos religiosos, organização dos desfiles carnavalescos, apresentação em eventos de instituições privadas e governamentais, convocação dos ensaios, mobilização dos desfilantes e funcionamento da sede. Já os desfilantes eram as dezenas de pessoas que participavam do bloco durante o Carnaval.

De acordo com Machado,[67] a principal obrigação religiosa da diretoria era anteceder toda e qualquer apresentação ou desfile por um "agrado/sacrifício/matança" para Exu, para que ele pedisse a Ogum "proteção". Agrado era uma troca de "axé" com os orixás, através da oferta do sangue e de alguns órgãos de um animal. Somente o axé era oferecido, as demais partes deviam ser consumidas pelos participantes do ritual, por isso comumente eram servidos nas festas de candomblé pratos elaborados com frangos, cabritos, patos e pombos. Mas, no caso do agrado para Exu, chamado de "padê", todo o corpo do animal era ofertado no sacrifício. Já a noção de proteção buscava impedir os efeitos do "mal" desejado por outros com a intenção de prejudicar a manutenção da paz e da segurança do bloco. Relacionadas, tais categorias nativas expressavam, assim, a oferta de uma dádiva para os orixás na expectativa de um retorno, que era a proteção de seus integrantes.

A organização temporal do Gandhi era baseada no calendário anual e orientada para a realização de determinados eventos. Em janeiro, os encontros da diretoria se intensificavam e um conjunto de rituais iniciava os preparativos para o

---

[67] Realizei duas conversas gravadas com Carlos Machado em novembro de 2008 no Castelinho, centro cultural municipal localizado no Flamengo, na Zona Sul da cidade, onde ele era lotado como administrador.

Presente de Iemanjá, realizado no dia 2 de fevereiro em louvação às "iabás", designação genérica dos orixás femininos.

No acompanhamento dos preparativos do presente de 2009, fui impedida de presenciar o primeiro e maior agrado do ano que a diretoria fazia para Exu poucos dias antes do presente, tanto por ser mulher quanto por não ser iniciada no candomblé. Segundo Machado, alguns homens da diretoria abriram jogos de búzios para definir se incluiriam no agrado um "bicho de quatro pernas", como cabrito, um "bicho de duas pernas e penas", como galináceas, ou apenas "comida seca", ou seja, sem sangue, como frutas e legumes. Na véspera do presente, depositaram os agrados nas esquinas dos bairros portuários e centrais por onde passariam seus "balaios", grandes cestos que abrigavam as oferendas dos devotos às iabás. Nesse circuito dos balaios, foram então incluídos a rua Camerino, as avenidas Marechal Floriano, Passos e República do Paraguai, os Arcos da Lapa, a rua Evaristo da Veiga e a Cinelândia.

Nesse ano, os três balaios do Gandhi foram ofertados para Iemanjá, Oxum e Oyá e convertidos em objetos sagrados na alvorada do dia do cortejo. Suas elaborações envolveram determinados objetos e saberes religiosos e foram realizadas na sede do bloco a partir de uma separação das atividades femininas e masculinas. Regina, Tia Creusa e Elizete se dedicaram à confecção dos balaios, movimentando-se ao redor de uma mesa improvisada com a colocação de uma tábua de madeira sobre um grande carretel. Dentro deles, depositaram canjicas cozidas e, ao redor de suas bordas, flores de palmas brancas entrepostas por miúdas flores brancas. Cobrindo a circunferência externa do balaio de Iemanjá, havia ainda flores de pano azuis e brancas colocadas por cima de um farto arranjo de filó branco. Os enfeites externos dos outros dois balaios diferiram dos enfeites de Iemanjá por não terem flores de pano e por possuírem um arranjo de cetim nas cores lilás e rosa. Assim, a ornamentação produziu uma hierarquia entre os balaios, na qual ao de Iemanjá, mãe de todos os orixás, foi atribuída mais importância.

Enquanto finalizavam a delicada preparação dos balaios, Carlinhos, Galeto e Nato organizaram a reza, que devia ser feita com um toque para Exu antes que os raios do sol invadissem a sede destelhada. Certa agitação tomou o grupo porque Machado ainda não havia chegado com as velas, e a reza dos balaios precisava começar. Mas Carlinhos preferiu aguardar, argumentando que não podia "botar Exu sem luz" e "despachar padê apagado". Então limparam o chão com folhas de bananeira e nele colocaram duas quartinhas com água e folhas, dois alguidares com farinha branca e azeite de dendê e uma pequena jarra de cerâmica. Carlinhos comprou velas no mercado e as acendeu em diferentes locais da sede e em frente ao padê. Bateu palma cinco vezes, Tia Creusa respondeu "Aleluia" e Galeto tocou o atabaque. Machado chegou logo depois, todos entoaram várias cantigas para Exu e o agrado foi depositado no encontro da praça dos Estivadores com as ruas Camerino e Barão de São Felix. Regina e Tia Creusa então pegaram uma bacia de plástico com vários acaçás (goma branca de milho envolta por folha de bananeira) para que todos que participavam do ritual passassem em seus corpos e se "purificassem".

Após esse processo de sacralização, os balaios foram portados em cima da cabeça das mulheres até o carro de Machado e conduzidos ao espaço de concentração do cortejo: a praça da Cinelândia, no Centro da cidade. Nos arredores da praça ficavam a Câmara de Vereadores, órgãos públicos de diferentes esferas, instituições financeiras e comerciais e equipamentos culturais como museu, biblioteca, teatro, centro cultural, cinema etc. O Presente de Iemanjá era organizado pela Federação de Blocos Afros e Afoxés do Rio de Janeiro (Febarj) e pela Riotur, e, além do Gandhi, diversas casas de candomblé, afoxés e blocos afros[68] participavam dele, cada qual portando seus balaios e oferendas para as iabás. O evento confirmava, assim, a autoridade religiosa do povo do santo frente aos vereadores e demais habitantes da cidade, exibindo e afirmando sua identidade social.

Os integrantes da diretoria do Gandhi se apresentaram com a vestimenta oficial, composta por calça, camiseta e sandálias brancas e turbante de tecido de toalha branco, enfeitado ao centro da testa por um arranjo redondo de lantejoulas azuis. Algumas mulheres optaram por trajar "baianas", vestimenta branca composta por bata, saia longa rodada e "ojá", espécie de turbante de tecido branco liso ou bordado. E todos se adornaram com colares de contas grandes azuis e brancas atravessadas no tronco, pulseiras e braceletes de palha, búzios e contas.

Em cima de um potente carro de som, as vozes e instrumentos do povo do santo se amplificaram para que entoassem músicas em referência aos orixás e proferissem discursos em prol da valorização da cultura afro-brasileira e das leis de punição da intolerância religiosa. Uma grande roda se formou com homens e mulheres vestidos de branco dançando coreografias do candomblé, enquanto mães de santo e iaôs benziam, com breves rezas, borrifo de perfume e passagem de flores pelo corpo, os devotos e transeuntes que aguarda-

---

[68] Segundo a concepção nativa, embora os dois tipos de grupo musical fossem referenciados na identidade e cultura afro-brasileira, o bloco afro cantava somente músicas em português e não seguia os fundamentos do candomblé em suas apresentações.

vam em pequenas filas para depositar suas oferendas dentro dos diversos balaios dispostos em tabuleiros. Flores, espelhos, moedas, perfumes, sabonetes e bijuterias, além de bilhetes com os pedidos escritos, foram os objetos mais ofertados, por serem associados às qualidades femininas das iabás: "beleza", "amor", "fartura" e "fertilidade".

À tarde, o cortejo saiu com as baianas à frente de todos portando os balaios nas cabeças. Era uma imposição do uso dos balaios sacralizados que fossem portados apenas por mulheres e acima de suas cabeças, onde os filhos de santo acreditavam estar o orixá de cada pessoa. Assim, o único momento de conflito durante a concentração dos participantes do presente foi quando, ignorando tais códigos, o dançarino Carlinhos de Jesus, que reportava o evento para a TV Globo, posou para a gravação colocando um dos balaios na cabeça. Logo se formou um início de briga, com alguns defendendo, a partir da lógica religiosa, que aquele ato era ofensivo, e outros, a partir da lógica exibicionária, que a reportagem era boa para a divulgação da cultura afro-brasileira.

O mal-estar se desfez durante o percurso pelas ruas do Centro. Algumas tiveram o trânsito parcialmente bloqueado por policiais para que a pequena multidão rumasse em direção à praça XV. Mas nem todos os cerca de mil devotos que acompanharam o cortejo entraram na barca ancorada na baía de Guanabara, já que muitos haviam aproveitado o horário livre do almoço para participar do evento e retornaram aos seus trabalhos. Quando a barca adentrou a baía, o toque dos atabaques, as danças e cantos se intensificaram e alguns "viraram no santo", incorporando orixás, enquanto outros jogaram flores e bebidas espumantes no mar. O clímax ocorreu quando a barca parou para o despejo das oferendas nas águas. Muitos se aglomeraram nas janelas para assistir e bater palmas e fotógrafos e cinegrafistas se acotovelaram para conseguir uma boa imagem.

Os balaios, no entanto, não foram depositados, apenas as oferendas que estavam dentro dele foram efetivamente consumidas pelas águas e, simbolicamente, pelas iabás. De acordo com a explicação do ogan Wilson Silva, integrante do Gandhi durante a década de 1990, nos últimos anos as discussões ecológicas haviam ganhado ressonância entre os praticantes do candomblé e difundido a compreensão de que os cestos demoravam muitos anos para se decompor no fundo do mar. Seu depósito então passou a ser associado à poluição das águas e à classificação de "lixo".[69]

A abertura do calendário anual do Gandhi com o Presente de Iemanjá e os maiores agrados e pedidos de proteções se davam, portanto, nos planos complementares dos orixás e dos homens. Nesses planos, a circulação de dádivas possibilitava a confirmação do reconhecimento social das práticas do bloco frente ao povo do santo, aos poderes políticos e à população da cidade. E ambas as ações, de pedir e oferecer, seriam repetidas ao longo do ano nos desfiles carnavalescos e nas apresentações da diretoria visando aumentar o "prestígio" do Gandhi, noção nativa que se referia a tal reconhecimento social.

O Carnaval, festividade em torno da qual havia se formado o bloco, começava poucos dias depois. Em 2009, o conjunto dos integrantes do Gandhi desfilou duas vezes: sábado, na avenida Rio Branco, encerrando o dia reservado

---

[69] Para uma análise detalhada sobre o processo de produção, circulação e dissolução dos balaios no Presente de Iemanjá e sua eficácia tanto na produção da subjetividade dos integrantes do Afoxé Filhos de Gandhi quanto na afirmação de sua identidade perante a população da cidade, ver Guimarães (2011b).

pela Prefeitura para a apresentação de afoxés e blocos afros; e segunda-feira, na orla da praia de Copacabana, em apresentação exclusiva. Além desses desfiles, durante a semana carnavalesca a diretoria também participou de um bloco no bairro de Santa Teresa; da escola de samba Cubango, componente do Grupo 1 dos desfiles oficiais do Sambódromo carioca;[70] e do desfile do Afoxé Vinda do Povo na Rua, no Sambódromo de Juiz de Fora, município de Minas Gerais. Essas apresentações eram classificadas como "amigas" e atuavam no estabelecimento de trocas entre pares visando ao prestígio mútuo.

Para desfilar na avenida Rio Branco, os integrantes do bloco começaram a se preparar ao meio-dia na praça da Harmonia, na Gamboa. Machado circulou de carro entre a casa da costureira e a praça, para trazer as batas que receberiam a serigrafia com o nome do bloco; Pratinha estirou no gramado as fantasias que ainda estavam com a tinta da impressão secando; e Regina separou e distribuiu as fantasias para os integrantes que aos poucos chegavam.

As fantasias completas do Gandhi eram compostas por longas túnicas brancas até o tornozelo, amarradas na cintura por faixa azul e nas mangas por duas fitinhas brancas e turbante. Os colares de contas grandes nas cores azul e bran-

---

[70] Os desfiles das escolas de samba do Rio de Janeiro são hierarquicamente divididos em: Grupo Especial, cujas agremiações possuem cerca de 5 mil componentes e têm seus desfiles no Sambódromo transmitidos nacionalmente pela TV Globo; o Grupo de Acesso A, com agremiações de cerca de 3 mil componentes e que ocasionalmente têm os desfiles no Sambódromo televisionados; o Grupo 1, cujas agremiações contam com cerca de 1.500 componentes e não têm o desfile no Sambódromo televisionado; e os Grupos 2, 3, 4, que possuem entre 400 e mil componentes e desfilam na estrada Intendente Magalhães, no Campinho, na Zona Norte (Barbieri, 2009).

ca eram adicionados individualmente pelos desfilantes, que os atravessavam no tronco. A concentração na avenida Rio Branco foi marcada para as 15 horas e os desfilantes chegaram reunidos em grupos de amigos, de casas de candomblé, de moradia e familiares. Enquanto aguardavam o horário do desfile, fizeram uma roda de samba.

O desfile começou no fim da tarde com cerca de 200 desfilantes em formação de cortejo e separados em alas que ordenavam e hierarquizavam os espaços masculinos e femininos. Ficaram posicionados à frente um homem portando o estandarte do bloco e uma mulher vestida de baiana carregando uma quartinha com água e um ramalhete para "lavar/despachar a rua", termo utilizado para designar qualquer espaço fora das casas de candomblé que tivesse de ser sacralizado para a passagem do bloco. A primeira ala do desfile foi composta pelos cantores e músicos da charanga. A segunda foi dividida informalmente em duas partes: a dos homens fantasiados e, depois, a dos "viados", termo que se referia aos homens que, além das fantasias, utilizavam gestuais e adornos associados ao universo feminino. Continuando a transição de gênero, na terceira ala ficaram as mulheres de fantasias, traje considerado pertencente à tradição masculina do Gandhi. E, no final, desfilaram as mulheres vestidas de baiana, traje associado apenas ao feminino.

Na sequência musical, inicialmente foi entoado o canto *Exu Mensageiro*,[71] que solicitava que o orixá desse passagem

---

[71] Segundo Machado, a música e a letra são de autoria de Júnior Mendes e foram compostas em homenagem aos 40 anos do Afoxé Filhos de Gandhi: "Exu mensageiro, vai ligeiro/ Abre caminho para a passagem do afoxé/ Nosso candomblé de rua com muitos anos de axé/ Ogum Balogun/ Odé caçador/ Ossanha das folhas, do axé e do amor/ Nanã (...), Omolu e Oxumaré/ Lá vem o Gandhi com a bênção do Orum/ Filhos de Gandhi,

para o Gandhi e seu "panteão" de orixás: Xangô, orixá "patrono" do bloco, e suas mulheres, as iabás Oyá, Obá e Oxum. As músicas seguintes mesclavam palavras em português e iorubá e exaltavam ideias como "paz", "beleza", "amor", "liberdade" e "não preconceito de cor". Ao longo delas, os cantores clamaram repetidamente a saudação "Ajaiô!", momento em que todos os desfilantes respondiam "Ê!" e levantavam as mãos. Segundo Machado, ajaiô era um termo iorubano cujo sentido geral era "amuleto de paz". Sua tradução literal era relacionada ao cachorro, maior oferenda que podia ser dada a Ogum, orixá que protegia "a estrada". Assim, quando era ofertado um cachorro, o que se desejava em troca era "paz para caminhar".

O batuque da charanga produzia um som muito alto e compassado; na frente do desfile, vários foliões embriagados brincavam fazendo gestuais que remetiam aos transes do candomblé. Os desfilantes, no entanto, ao mesmo tempo que estavam festivos, mantiveram gestual e comportamento comedidos. Durante todo o trajeto, houve uma especial preocupação da diretoria com os possíveis "excessos" comportamentais. Essa categoria era recorrente nos dias de desfile e apresentações e se referia principalmente ao controle do consumo de bebidas, drogas e comidas, cuja restrição era considerada fundamental na evocação dos aspectos religiosos do bloco e em sua diferenciação em relação a outros blocos carnavalescos.

---

panteão do Ilê Aiyê/ Awédé/ Sobe e desce ladeira/ Entra em beco, sai em beco/ Oyá, Oxum, Obá/ As mulheres de Xangô/ Vai buscar o seu senhor/ Para ver Gandhi passar/ Ogum menino vem no toque de ijexá/ Demonstrar nossa beleza para a deusa negra Ewá/ Odúduwá, Iemanjá, com as suas forças do Olókún/ Guerreiro Oxaguian, Babá Oxalufan/ Filhos de Gandhi com as bênçãos do Olorun" (transcrição da letra feita por mim e baseada em gravação sonora).

O desfile foi encerrado com um canto em iorubá para Oxalá, pai de todos os orixás, momento em que os desfilantes se ajoelharam e ficaram com as faces voltadas para o chão. Depois, a charanga fez um repique de atabaques e todos bateram palmas e se levantaram gritando várias vezes "Ajaiô!". No fim da avenida, na Cinelândia, alguns desfilantes se reuniram em frente à estátua de Mahatma Gandhi e Machado fez um breve discurso sobre os ideais de paz do bloco.

Dois dias depois, o bloco desfilou na orla da praia de Copacabana e o dançarino Edejô estreou como porta-estandarte do Gandhi. Segundo Machado, ele recebia cachê para desfilar no bloco afro Maxambomba, da Baixada Fluminense, mas tinha aceitado desfilar ali de graça por causa do prestígio do bloco na cidade. Ao final do percurso, os desfilantes formaram uma roda de samba de umbigada, com os músicos da charanga alinhados e, à sua frente, integrantes do bloco e o público dançando, principalmente mulheres. Depois, formou-se uma "roda de macumba" no calçadão da praia, mas, nela, houve um controle para que apenas os integrantes do Gandhi participassem, já que as músicas tocadas e suas danças possuíam regras quanto aos papéis de gênero e previam a execução de determinados movimentos. Assim, embora fosse experienciada como uma brincadeira, essa roda definia as fronteiras do povo do santo no evento, cujos integrantes eram os únicos capazes de compreender as coreografias e piadas feitas a partir das inversões propostas, como a participação jocosa de um ogan em uma música que deveria ser dançada somente por mulheres.

O último grande evento carnavalesco do Gandhi ocorreu no dia seguinte, terça-feira de Carnaval, com a participação no desfile do Afoxé Vinda do Povo na Rua no Sambódromo de Juiz de Fora. O encontro dos integrantes ocorreu pela manhã na sede do Valongo, de onde seguiria um ônibus equipado para longas viagens. Antes de sairmos, Tia Creusa criticou os integrantes que não foram de roupas claras para o encontro, porque, segundo ela, era esperado do povo do santo que levasse uma "mensagem de paz" e comparecesse de roupas brancas. Quando o ônibus partiu, havia nele menos de 30 pessoas, sendo que se inscreveram previamente para participar da atividade 40 integrantes do bloco, fazendo com que Machado reclamasse da falta de "profissionalização". Durante a viagem, alguns dormiram, outros ficaram conversando e duas senhoras ofereceram salgadinhos como coxinhas, empadas, bolinhos de aipim e de carne aos mais próximos de suas poltronas. Havia assim uma justaposição, e também uma tensão, entre as práticas religiosas, profissionais e recreativas do Gandhi, pois muitos participavam dos desfiles para se divertir e estabelecer laços de amizade, enquanto outros, principalmente a diretoria e os músicos, desejavam maior reconhecimento social, fosse como representantes da cultura negra e dos cultos afros, fosse como bloco comercial.

Chegando a Juiz de Fora, o ônibus subiu um morro ocupado por habitações populares, onde estava localizada a casa de candomblé do pai de santo e presidente do Afoxé Vinda do Povo na Rua. Fomos recepcionados por ele e por sua esposa, ambos baianos, que acomodaram todos em dois cômodos para servir o almoço: no cômodo menor e próximo à entrada da casa, ficaram a diretoria do bloco e seus familiares; e no maior e mais ao fundo, os demais desfilantes. Os pratos de dobradinha com agrião já vinham fartamente prontos da cozinha e, nas mesas, foram oferecidos ainda farinha, pão, pimenta, cerveja e cachaça. Começou então uma série de brincadeiras entre Machado e o pai de santo da casa, às vezes em tom agonístico, abordando os fundamentos e práticas do candomblé considerados certos e errados. Ao mesmo tempo, as mulheres dos dois trocavam simpatias e presentes, como uma flor de pano entregue à namorada de Machado. Essas interações entre os dois casais se destacavam das dos demais, fossem desfilantes ou filhos de santo da casa, reforçando as figuras de autoridade e graciosidade de ambos os afoxés, associadas à oposição masculino e feminino.

Após o almoço, os desfilantes do Gandhi começaram a vestir as fantasias e Gustavo auxiliou alguns amigos a amarrar os turbantes. Alfredo, que estava distante do grupo, comentou em tom de ironia e desaprovação que não ia para aquele lado porque "batia uma brisa muito fresca". Não apenas desta vez, mas em outras situações envolvendo integrantes do bloco, as divisões dos espaços masculinos e femininos eram constantemente afirmadas. Assim, homens heterossexuais e homossexuais eram separados em espaços de "macho" ou de "viado". E, nos espaços femininos, as diferenciações ocorriam entre os valores associados à beleza: já que as fantasias eram iguais para todos, as mulheres se distinguiam através da maquiagem, da altura dos saltos dos sapatos, de enfeites como braceletes, colares e brincos, no uso de apliques nos cabelos ou em amarrações especiais dos turbantes. Nessa valorização da beleza, no entanto, o "excesso", o "luxo" e a exposição excessiva do corpo eram vistos com reprovação.

O ônibus com os integrantes do Gandhi se dirigiu ao sambódromo da cidade junto com outro ônibus que levou cerca de 50 integrantes do Afoxé Vinda do Povo na Rua. Na concentração do desfile, o pai de santo explicou que preferia convidar o Gandhi para desfilar do que chamar outras casas de candomblé de Juiz de Fora, porque havia muita "traição" no local, repetindo, assim, as falas de Machado sobre proteção, amizade e maldade no candomblé.

Durante o desfile, foram entoadas a música do enredo do Afoxé Vinda do Povo na Rua, "Oxossi Caçador", e diversas cantigas do Gandhi. A primeira ala foi composta por integrantes do Afoxé Vinda do Povo na Rua, que vestiram diferentes fantasias que remetiam ao imaginário da cultura africana e dos cultos do candomblé, como "caçador", "baiana", "sacerdote" e roupas estampadas com folhas ou decoradas com búzios. Os desfilantes do Gandhi seguiram trajados com a fantasia completa do bloco. Depois, foi composta uma ala com a charanga dos dois afoxés. Por último, formou-se uma ala de capoeiristas. O bloco carioca era, assim, de central importância na apresentação no mineiro, fosse por possuir um grande prestígio entre as entidades locais ligadas à cultura negra e ao candomblé, fosse quantitativamente no desfile. No entanto, as arquibancadas do Sambódromo estavam muito vazias, demonstrando que, a despeito desse prestígio, dentro do sistema do Carnaval os afoxés não eram tão valorizados.

Com o final do período carnavalesco, os desfilantes do Gandhi se dispersaram, e ficava a cargo da diretoria a ampliação de suas trocas com o mundo dos homens, através de apresentações em eventos organizados por governantes, legisladores, sindicalistas, movimentos sociais e recreativos, incluindo em sua rede de relações pessoas consideradas possuidoras de especial prestígio político, carnavalesco e/ou religioso. Cada apresentação durava cerca de meia hora e a configuração espacial diferia daquela dos desfiles por ser em formação de roda: os músicos posicionavam os instrumentos em cima de um palco, ou à frente da plateia quando não havia palco, enquanto mulheres e homens faziam juntos uma roda de dança. As apresentações consideradas mais importantes eram as da semana do Dia da Consciência Negra,[72] do

---

[72] Em 2008, durante essa semana, o Gandhi se apresentou em frente à Câmara de Vereadores, no evento da central sindical Conlutas; dentro da

dia do Samba na Pedra do Sal e da Festa de Iemanjá do Mercadão de Madureira.[73]

Além dessas apresentações, ao longo do ano a diretoria também buscava ampliar o reconhecimento social do bloco frente ao povo do santo e demais habitantes da cidade. Nos agrados, proteções e prestígios movimentados pelo Gandhi, algumas pessoas podiam ganhar um *status* especial e ser classificadas não só como "amigos", mas de forma ainda mais prestigiosa como "presidentes de honra" ou "madrinhas". Essas pessoas, em contrapartida, ficavam comprometidas a mediar as demandas do bloco no mundo dos homens. Como explicou Machado:

> Eu sempre me pautei por ditados populares. Tem um ditado que diz o seguinte... Aliás, dois ditados. "Uma mão lava a outra e as duas lavam o rosto." E tem outra que diz "quem não vive para servir, não serve para viver". Então são duas coisas de relacionamento que eu me pauto muito. Eu estou sempre pronto, disposto a servir quem quer que seja, sem esperar nada em troca. Porque, na hora que eu precisar das

---

câmara, em um seminário sobre políticas raciais e tolerância religiosa; em evento da Comunidade Remanescente de Quilombo de Cachoeira de Macacu, município fluminense; em evento do governo estadual no monumento a Zumbi dos Palmares, na praça Onze; na eleição da Deusa do Ébano do grupo afro Orúnmilà, no Circo Voador; e em evento ecumênico no Instituto de Memória e Pesquisa Pretos Novos.

[73] O Mercadão de Madureira foi fundado em 1959 como um grande comércio popular e em 2013 contava com cerca de 600 lojas de produtos agrícolas, religiosos, de vestuário, de utilidades para o lar, entre outros. A Festa de Iemanjá era organizada por lojistas de artigos de candomblé e umbanda e realizada no dia 29 de dezembro, quando deslocavam em carreata centenas de devotos da Zona Norte da cidade para depositar em pequenos barcos artesanais suas oferendas no mar da praia de Copacabana. Para outras informações sobre o mercado, ver Martins (2009).

pessoas, eu também vou querer dispor delas sem que elas queiram nada em troca. A troca ela acontece naturalmente. Não que você faz pra mim que eu vou te fazer. Não. Faz pra mim? O dia que você precisar, se eu puder, eu te sirvo também, em agradecimento ao que você fez. Ou não, vou te servir porque você merece que seja servido, não porque você tenha feito alguma coisa pra mim. (Machado, entrevista concedida em novembro de 2008)

Em 2009, o Gandhi então se uniu à escola de música Batucadas Brasileiras e elaborou um projeto visando à doação definitiva da sede no Valongo pelo governo estadual e sua recuperação física e transformação no Centro de Cidadania Afoxé Filhos de Gandhi. As duas entidades propuseram ainda o reconhecimento do bloco como "patrimônio imaterial carioca" e a criação de um "centro de memória" com acervo sobre sua história. Idealizaram a construção, na praça dos Estivadores, de dois marcos urbanos da cultura afro-brasileira: um "memorial" sobre a abolição da escravidão, onde seria enfatizada a contribuição das etnias negras na formação da sociedade brasileira, e um "monumento" ao trabalho portuário. Com esses marcos, defendiam a criação de "símbolos positivos" dos tempos da escravidão capazes de se sobreporem às memórias que consideravam correntemente negativas. As ações monumentais idealizadas pelo Gandhi buscavam, assim, construir na Zona Portuária espaços de redenção da memória da escravidão, classificada como traumática pela sociedade brasileira.

Para conseguir implantar o projeto, a diretoria buscou fortalecer suas conexões políticas. Convidou para ser "madrinha" do bloco a atriz Zezé Motta, naquele momento responsável pela Secretaria Estadual de Promoção da Igualdade

Racial e considerada um importante apoio político junto ao governo estadual para a doação da sede. Convidou também assessores das secretarias municipais de Obras e de Cultura para visitarem a sede e avaliarem a possibilidade de reformá--la. Mas, apesar de os assessores reconhecerem a importância do bloco junto às casas de candomblé, informaram que qualquer obra realizada pela Prefeitura, além de precisar de licitação, só poderia ser realizada onde houvesse a comprovação da propriedade do imóvel, o que o bloco não possuía.

Em junho a diretoria organizou um grande lançamento do Projeto Centro de Cidadania Afoxé Filhos de Gandhi, que contou com a presença de sambistas, de prestigiados religiosos do candomblé e da umbanda e de representantes dos governos municipal, estadual e federal, entre eles o presidente da Fundação Cultural Palmares, Zulu Araújo. Maurício Nolasco, diretor da Escola Batucadas Brasileiras, também convidou Mãe Torodi para realizar na sede do bloco um ritual que estabelecesse uma conexão com os espíritos dos escravos do antigo mercado do Valongo, para que ajudassem o Gandhi a "caminhar". Após a realização de um agrado para Exu, Mãe Torodi entoou cânticos, sacrificou alguns animais e sugeriu à diretoria do bloco que organizasse uma distribuição de comida para os moradores de rua da Zona Portuária. O evento se encerrou com um ato político na sede da Batucadas Brasileiras e a oferta de uma feijoada no almoço.

Assim, no conjunto de suas atividades, os limites territoriais do Gandhi extrapolavam o Morro da Conceição, incluindo espaços considerados importantes dentro das políticas de valorização da cultura negra, durante o período carnavalesco e pelo circuito do povo do santo, como a Cinelândia, a avenida Rio Branco e as casas de candomblé. Em cada um desses espaços, as esquinas das ruas, as águas, os animais, as folhas e flores foram importantes participantes nas apresentações do bloco, pois possibilitaram que seus integrantes se conectassem com orixás e ancestrais e pedissem "caminho para passar" no mundo dos homens. Nesse sistema de pensamento pautado pelas noções de magia e reciprocidade, era a circulação dos filhos de santo pelas diferentes casas de candomblé que conferia sua densidade social, mantendo o bloco associado à "cultura negra" e aos "cultos afros" perante a população da cidade.

Os "amigos" e os "filhos" da casa de Mãe Marlene d'Oxum

Mãe Marlene d'Oxum era participante assídua dos eventos do Gandhi e permitiu, entre janeiro e outubro de 2009, que eu frequentasse sua casa de candomblé no Morro do Boogie Woogie, na Ilha do Governador, Zona Norte da cidade. Eram filhos de santo da casa e participantes assíduos do bloco Nazaré, Márcia, Luan, Juan, Bebel e Gustavo. Além deles, a visitavam em dias de festa os músicos da charanga Nato, Galeto e Ulisses. Para chegar à casa, partindo do Centro da cidade, era preciso tomar o ônibus 324 na Central do Brasil, em direção ao bairro da Ribeira, saltar na Vila Pan-Americana e caminhar até a rua dos Manjolos. Nela, uma entrada para o beco dos Manjolos conduzia a uma ladeira estreita, com trechos em degraus, cercada por diversas casas, entre elas a de Mãe Marlene. Esse percurso levava cerca de uma hora e meia e era o que ela usualmente realizava para participar das atividades do Gandhi.

O portão de ferro da casa ficava aberto apenas nos dias de festa e levava para um pequeno jardim, onde estava o assentamento de Exu e a porta da sala. No centro da sala, a roda de dança se formava em torno de um mastro de madeira e, nas laterais, três bancos de madeira eram destinados à "assistência", denominação dos convidados das festas, e um tablado elevado do nível do chão era utilizado pelos ogans e seus atabaques. Nas paredes estavam afixadas uma pintura de Oxum, duas fotos do Terreiro Casa Branca, de Salvador, e uma foto de Marcelo, filho consanguíneo mais velho de Mãe Marlene e principal autoridade masculina da casa. Os três portais da sala que conduziam ao jardim, à copa e ao quintal eram ornados com palha. E um portal cerrado por uma cortina amarela levava a um cômodo com diversas imagens de santos e objetos rituais.

Na copa havia uma mesa grande e cadeiras e uma porta que conectava à cozinha, sendo ambos os espaços frequentados principalmente pelas mulheres. Da cozinha, outra porta conduzia a um pequeno quarto com banheiro, onde os filhos de santo tomavam banhos de folhas, se vestiam e eram retirados do estado de transe após incorporarem orixás. O quintal ficava nos fundos da casa e estava ligado tanto à sala quanto à cozinha. Nele, uma árvore abrigava oferendas para Ogum, outros dois pequenos quartos continham oferendas para orixás e em uma área livre eram feitos os sacrifícios dos animais. Um banheiro guardava os animais vivos, antes dos sacrifícios, e era utilizado pela assistência durante as festas. Era também no quintal que os homens se reuniam e realizavam, ao final das festas, uma roda de samba.

Ainda no andar térreo, havia outra cozinha utilizada para pequenas refeições e para a limpeza da louça; um depósito de mantimentos e uma sala com sofá e televisão. Dessa segunda cozinha, uma escada permitia o acesso ao segundo andar, onde estavam distribuídos os quartos de Mãe Marlene e de sua filha consanguínea, Nazaré, a sala de costura e uma área aberta para lavagem e secagem de roupas. E o terceiro andar era ocupado por Marcelo, sua esposa Tânia e os filhos Luan e Juan.

Durante os meses em que frequentei a casa, Mãe Marlene contou ter nascido na Bahia e chegado criança ao Rio de Janeiro. Sua mãe biológica trabalhava como governanta em uma casa em Copacabana e, segundo suas lembranças, todos da casa tratavam muito bem sua família: ela nunca havia andado em elevador de serviço, seus irmãos brincavam "com igualdade" com os filhos dos patrões e, quando tinha grandes festas na casa, eram chamados para participar. Ela não recordava haver "distinção social ou de cor" na casa e, por ter vivenciado essa experiência, discordava das políticas públicas baseadas na noção de "raça".

Além de participar das atividades da diretoria do Gandhi, Mãe Marlene também frequentava a organização não governamental Centro de Tradições Afro-Brasileiras (Cetrab), localizada em Olaria, na Zona Norte. O centro distribuía cestas básicas para as casas de candomblé e ela utilizava os alimentos recebidos nos rituais e também doava uma parte para os moradores do morro onde morava. Apesar de participar de vários eventos políticos, Mãe Marlene não se considerava uma "militante", pois sabia que ninguém queria ouvir sua opinião de que o negro era "racista". Na sua percepção, as pessoas tinham que se esforçar para ter uma vida melhor, em vez de pleitear benefícios do governo. O importante era que o ser humano fosse "bom", não sua "cor".

Havia 40 anos que Mãe Marlene tinha "feito a cabeça" no Terreiro da Casa Branca. No Rio de Janeiro, se tornou filha de santo da casa de Mãe Meninazinha d'Oxum, no município fluminense de São Mateus. E, explicitando o sistema hierárquico do candomblé, disse que em sua casa ela era mãe de santo, mas na casa de Mãe Meninazinha ela era iaô e ficava na cozinha como todas as outras filhas de santo. Explicou que haviam sido princesas africanas que tinham fundado o candomblé na Bahia e afirmou que essa religião era "coisa de mulher", criticando as casas dirigidas por homens. Mãe Marlene também comentou diversas vezes que não concordava com as casas que faziam festas muito "luxuosas" e vestiam com roupas caras os orixás, porque se todos deviam dançar com o pé no chão, o princípio religioso não era o luxo. Sua principal preocupação era servir uma comida "bem-feita", "gostosa" e "bonita" para as pessoas e os orixás.

Os preparativos para as festas se iniciavam durante a semana, quando Mãe Marlene convocava filhos de santo e convidados e organizava os objetos rituais. Nazaré, que era a mãe pequena da casa, função de maior prestígio depois da mãe de santo, auxiliava nos preparativos e nos cuidados com as roupas. Nas festas e rituais da casa sempre participavam Nazaré, Pedro Armando e Marcelo, filhos consanguíneos de Mãe Marlene; seus netos Thomas, Luan e Juan; suas noras Márcia e Tânia; e os filhos de santo Angélica, Dona Madalena, Dona Marlene, Gustavo, Bebel e Manuelzinho.

Nos dias de festa, os filhos de santo começavam a chegar por volta das 7 horas, comiam um café com biscoito na cozinha, tomavam um banho de folhas e colocavam suas roupas de trabalho de cores claras: as mulheres vestiam uma camiseta envolta por um pano da costa longo e estampado e uma saia larga e comprida; os homens, bermuda e camiseta. Todos seguiam uma hierarquia de saudações. Na principal saudação, o filho de santo se ajoelhava, encostava as duas laterais do corpo no chão, virando os quadris, colocava as mãos cerradas uma em cima da outra, posicionando-as entre a testa e o chão, e alternava a ordem das mãos três vezes enquanto projetava o corpo para a frente, até que ficasse inteiramente deitado. Com esse gestual, primeiro eram saudados os assentamentos dos orixás, depois a mãe de santo, a mãe pequena e os mais antigos feitos no santo. Os novos eram saudados apenas com uma leve inclinação de tronco e dobra de joelhos, um beijo nas costas das mãos e o pedido e a oferta de bênção, com a fala "minha mãe te abençoe" ou "meu pai te abençoe", dependendo se o orixá de cabeça do filho de santo fosse masculino ou feminino. Essas saudações, ao mesmo tempo que pediam, também ofereciam bênção, movimentando um sistema circular e recíproco de dádivas.

Em seguida, as mulheres elaboravam os alimentos na cozinha ou decoravam a sala, enquanto os homens compravam as bebidas, faziam pequenos reparos nos cômodos e organizavam os instrumentos musicais. O momento de realização do sacrifício dos animais era extremamente ritualizado. Iniciava-se com um padê para Exu, seguido do toque de cantigas para os orixás e uma roda de dança formada pelas mulheres. Os homens se dividiam entre o toque dos atabaques e do agogô e a execução dos cortes nos animais. Quem comandava a "matança" era Mãe Marlene, definindo que músicas seriam entoadas e em que ordem os animais seriam sacrificados. As partes dos animais eram então separadas: ao orixá era dado o sangue, onde estava o seu axé, e algumas penas, no caso de aves; e o restante era separado para ser servido ao fim da festa.

A assistência normalmente chegava no início da tarde, quando os filhos de santo já preparavam suas vestimentas. As ekedis, que eram as filhas de santo que não incorporavam, usavam um vestido estampado com poucos ornamentos e um turbante na cabeça e ajudavam a conduzir, desincorporar e preparar as roupas dos iaôs, filhos de santo que recebiam os orixás. As iaôs mulheres vestiam roupas de baiana composta de camisu, saias rodadas, calçolão, ojá e pano da costa, e os iaôs homens envolviam o tronco com um pano da costa e usavam calças. Os ogans normalmente não incorporavam e vestiam calças e batas claras.

A primeira festa do ano era dedicada a Exu e antecedia o Carnaval. Observei a festa a partir do espaço reservado à assistência e Mãe Marlene permitiu que eu filmasse o início da roda de dança, desde que parasse logo que os orixás "descessem". A festa se iniciou com sete ogans tocando e cantando em iorubá e nove filhos de santo entrando descalços na sala e fazendo uma roda em torno do mastro. Mãe Marlene estava vestida de baiana e sentou-se em uma cadeira ao lado dos ogans e em frente à roda. Todos os iaôs repetiram o gestual de saudação se direcionando a diferentes espaços da sala: primeiro saudaram o mastro, que estava enfeitado com palmas brancas e vermelhas e com grandes laços de tecido azul e dourado, depois o portal do jardim, o portal do cômodo com objetos sagrados e novamente o mastro. Em seguida, saudaram a mãe de santo, os ogans e as ekedis e fizeram breves cumprimentos a cada um dos iaôs, pedindo e oferecendo bênção.

Ao fim das saudações, Mãe Marlene também entrou na roda e a música mudou: houve a aceleração da batida dos atabaques e foram cantadas letras em português para exus e pombagiras como Rosa Vermelha, Maria Padilha, Ciganinha, Tranca Rua e Zé Pelintra. Um a um, os iaôs viraram no santo e abraçaram a assistência de cerca de 20 pessoas que cantavam as músicas e batiam palmas. Depois de algumas músicas, a batida do atabaque se intensificou novamente e Mãe Marlene se posicionou em frente aos ogans e virou no santo, passando então a segurar uma cigarrilha na mão. Os iaôs pararam de dançar e ficaram assistindo à mãe de santo e, ao final da dança, as ekedis os retiraram da sala. Mãe Marlene saiu por último.

Mãe Marlene retornou pombagira, com um vestido rodado vermelho escarlate e um pano da costa dourado. Depois, os iaôs voltaram para a roda com suas roupas de transe e muitos dos que estavam na assistência também viraram no santo e vestiram roupas que estavam guardadas na casa, sendo suas participações, portanto, previstas no ritual. Todas as roupas eram complementadas com acessórios de mão como flores, taças e cigarrilhas. Ao longo da festa, os incorporados dançaram na roda e também conversaram com os demais convidados, dando principalmente conselhos amorosos. A figura espacial da "encruzilhada" foi recorrentemente citada nas letras das músicas e nos conselhos, sendo os exus e pombagiras associados a esses espaços e à escolha de um caminho. Já tarde da noite, os incorporados foram retirados da sala e a última a sair foi novamente Mãe Marlene. O jantar foi então servido e se iniciou uma roda de samba no quintal. Por volta da meia-noite, um pequeno grupo foi ao ensaio na quadra da escola de samba União da Ilha do Governador.

Após a festa para Exu, mantive contato com Mãe Marlene e seus filhos de santo apenas nos desfiles e apresentações carnavalescos do Gandhi. No início de abril, telefonei para saber se a data da festa para Ogum já havia sido marcada, mas Mãe Marlene não estava em casa. Nazaré atendeu e contou que as duas tinham chegado naquela semana de Salvador, onde passaram 15 dias com Juan. Faziam essa viagem todo ano para "tomar o axé" da Casa Branca, visitar a Praia da Barra, assistir às apresentações de blocos afros e comer as comidas baianas. Nazaré também falou sobre o hábito que tinha de anotar em um caderno suas experiências de viagem, para poder esquecer o que não a tinha agradado. Comentou que fazia a mesma coisa quando escutava as pessoas que se consultavam com ela tanto religiosamente quanto na época em que era enfermeira: ouvia tudo e depois esquecia.

A partir desse diálogo, conversamos sobre dilemas afetivos, utilizando metáforas que envolviam experiências cotidianas e socialmente compartilhadas: sobre as diferentes funções de guardar e apagar dados do computador; a necessidade de doar roupas velhas e sem uso do armário para abrir espaço para novas; a variação do tempero e dos alimentos na dieta culinária; e os diferentes modos de locomoção com automóveis, com suas possibilidades de um ou mais passageiros e de controle da condução. Brincamos com as ambiguidades de sentido que essas metáforas geravam e Nazaré disse que muitas pessoas que se consultavam com ela não gostavam de conversar de maneira abstrata, queriam dar nomes e contar detalhes sobre as situações que vivenciavam. Mas ela preferia a forma metafórica, porque achava que não era preciso saber detalhes para dar um bom conselho, já que as pessoas buscavam principalmente alguém que as escutasse, mais do que alguém que lhes dissesse o que deviam fazer. Quando nos despedimos, combinei de ligar novamente assim que conseguisse um "bom carro". E percebi que esta havia sido minha primeira consulta religiosa na casa.

Em meados de maio, Mãe Marlene me convidou para participar de um ritual denominado "bori", termo que unia as palavras "ebó" (comida) e "ori" (cabeça). Explicou que o objetivo desse ritual era dar comida para a cabeça, fortalecendo o orixá do filho de santo. Perguntei se poderia oferecer alguma coisa para o ritual e ela falou que poderia levar três velas de sete dias, flores brancas miúdas e um bolo de massa clara com enfeite de morango. Pediu ainda que eu fosse de vestido ou de saia de cores claras.

O ritual estava marcado para as 14 horas e havia sido encomendado por uma de suas filhas de santo, Cíntia. Além dos filhos da casa, estavam presentes na casa apenas o pai, a mãe e a irmã de Cíntia, não havia assistência. A primeira sequência ritual era de "purificação". No quintal, sete alguidares foram dispostos no chão, cada qual com um tipo diferente de comida, entre os quais farinha com dendê, feijão, acaçá e canjica. Cíntia estava com uma camiseta e uma calça brancas e com os ombros encobertos por folha de jornal. Uma a uma, Mãe Marlene depositou as comidas pelo corpo de Cíntia, com especial atenção para a cabeça, os braços e as mãos, enquanto cantava e rezava, sempre acompanhada do agogô e do auxílio de uma filha de santo. Depois, incensou toda a casa e Cíntia foi tomar um banho de água fria e colocar suas vestimentas. Quando retornou à sala, Cíntia já estava virada no santo e vestia outra roupa branca. Foi guiada por Nazaré através de um adjá, instrumento musical formado por duas campânulas de metal, fez as saudações aos espaços sacralizados da sala e à mãe de santo e se retirou novamente.

Mãe Marlene também foi se vestir para o ritual. No quintal, Marcelo e Luan lavaram os pés de uma galinha de angola, de duas galinhas brancas e de um pombo. Em um canto da sala, Nazaré e Márcia arrumaram um grande lençol branco e colocaram vários doces e frutas em uma das extremidades, como manjar, doce de coco, bolos brancos com cobertura de morango, goiaba, mamão, manga, uva e banana, e também alguns potes de louça branca e uma vela acesa. Cíntia voltou para a sala com um lenço branco amarrado no peito e fechado em um grande laço nas costas e com uma calça branca e se sentou sobre o lençol com as pernas esticadas para a frente, ficando os pratos de doce aos seus pés. Mãe Marlene então começou a cantar e rezar com a ajuda do coro das mulheres presentes e de um ogan que tocava agogô. Cíntia virou novamente no santo e Mãe Marlene pegou cada um dos pratos de doces e passou pelo seu corpo. Fez o mesmo com as galinhas brancas, a galinha de angola e o pombo, que depois retornaram para as mãos dos homens.

Cada um dos animais foi degolado com uma faca por Marcelo e dado para Mãe Marlene, que deixou jorrar parte do sangue sobre um dos potes de louça e sobre os doces. Em seguida, os corpos das aves foram levantados sobre a cabeça e braços de Cíntia, jorrando o restante do sangue. Quando o sangue estancou, os corpos foram postos ao lado dos demais pratos de alimento e algumas de suas penas foram retiradas e colocadas sobre a cabeça e as mãos de Cíntia e debaixo do lençol onde estava sentada. Mãe Marlene enrolou um pano branco fechando a cabeça de Cíntia, que se deitou. Pequenas porções dos doces e frutas foram retiradas e postas no mesmo pote de louça com o sangue e as penas. Depois, o ambiente foi limpo e as filhas de santo se retiraram com as aves para preparar o jantar.

Enquanto eu e a família de Cíntia esperávamos na sala, seus pais me contaram que ela tinha sido iniciada em outra casa de candomblé e que já tinha tomado um bori naquele ano. Mas, como estava enfrentando dificuldades na vida, havia decidido procurar Mãe Marlene, que aceitou dar outro bori desde que Cíntia passasse a ser filha de santo de sua casa. Mãe Marlene depois comentou comigo que muitas casas faziam os rituais de forma errada por não conhecerem bem a religião. Explicou que não era necessário que o bori fosse "suntuoso", com várias comidas e objetos, porque o ritual era de fortalecimento da cabeça e não uma festa de orixá. O outro bori feito em Cíntia tinha tido o sacrifício de um cabrito, e ela achava que este tipo de suntuosidade era feito por quem não entendia o significado de cada ritual e acabava por dificultar sua realização, já que todas as despesas deviam ser pagas por quem estava tendo a cabeça fortalecida.

Três horas depois, as filhas de santo trouxeram pedaços de galinha assados em uma bandeja de prata, que foi repousada em cima do pote de louça com os doces, frutas, penas e sangue. Mãe Marlene então destroçou pedaços do assado com as mãos e os colocou em pratos, servindo primeiro ao pai de Cíntia, depois à mãe, a mim, à irmã de Cíntia e às filhas de santo. Em seguida Dona Madalena, a filha de santo mais antiga da casa, serviu aos ogans um pirão com pedaços de galinha cozidos. Por fim, Nazaré ofereceu a todos pratos fartos com os diversos doces e frutas do ritual. Mãe Marlene me explicou que, ao comer da comida do ritual e ofertar as flores e a torta, eu também tinha trocado com as pessoas e me beneficiado do axé do bori. Ela usaria as velas que eu tinha levado para rezar por mim e abrir meus caminhos.

No início de junho, voltei à casa para participar da matança para Ogum, realizada dois dias antes da festa. Cheguei ao meio-dia e contribuí com dinheiro para a compra de uma galinha. E, quando perguntei se poderia ajudar, Tânia, que comandava o preparo das comidas, permitiu que eu lavasse a louça. Nazaré então enrolou um pano da costa florido acima do meu peito, explicando que impediria que sujasse minha roupa. Nessa manhã, acompanhei a feitura do acaçá vermelho, uma farinha de canjica amarela cozida até escurecer e ficar na consistência de um mingau posta em tiras de folhas de bananeira anteriormente queimadas no fogo, formando uma pequena trouxinha verde recheada.

No quintal, já estavam guardados dentro do banheiro um cabrito e duas galinhas e, engaioladas, uma conquém e um pombo branco. Mãe Marlene saiu para comprar mais quatro galinhas, mas Marcelo já tinha percorrido as redondezas e não havia encontrado, porque o caminhão que devia abastecer a região havia quebrado na avenida Brasil. E, como várias casas de candomblé estavam festejando o dia de Ogum, faltavam galinhas nos mercados, até mesmo no de Madureira. Enquanto todos esperavam a chegada das galinhas, Nazaré substituiu por novas as varas de capim que enfeitavam cada portal da sala, ação que era realizada apenas uma vez por ano, sempre na festa de Ogum.

Quase no fim da tarde, Marlene retornou com três galinhas e disse que eram suficientes para o ritual. Luan então lavou os pés e bicos das galinhas e do cabrito. Marcelo trocou a lâmpada do cômodo dedicado a Ogum e Oxossi e Mãe Marlene e Nazaré lavaram todos os seus objetos em ferro. Depois, juntaram as guias de Ogum dos filhos de santo da casa, feitas com contas azul-marinho de diversos tamanhos e materiais, como louça, cristal ou plástico. Mãe Marlene explicou que todos na casa tinham essa guia para "proteção", devendo usá-la independentemente dos santos que regiam a cabeça.

As comidas foram postas dentro de alguidares no quintal e Mãe Marlene chamou as filhas de santo para cada uma pegar uma ave, com exceção da conquém, que era muito arredia e ficou na gaiola. Uma fila se formou, com as mais velhas na frente. Fui chamada para participar do ritual e fiquei por último na fila, segurando uma galinha. Mãe Marlene começou a entoar músicas enquanto Manuelzinho tocava o agogô e Marcelo e Nazaré matavam as aves, jorrando o sangue sobre os alguidares. A cada vez que um dos bichos era sacrificado, o toque do agogô se intensificava e as mulheres cantavam mais alto as músicas. Por último, antes de o cabrito ser sacrificado, todos que estavam na casa encostaram a testa na testa dele.

Todos seguiram para a sala e os homens começaram a tocar o "xirê", que era uma sequência de toques e cantigas especificamente executada durante a festa de Ogum. Mãe Marlene sentou em sua cadeira e chamou as filhas de santo para dançar, me convidando a entrar também na roda. As iaôs foram aos poucos entrando em transe e as ekedis Márcia e Nazaré me ajudaram a desenvolver a dança, demonstrando os gestos, compassos de pés e ritmos específicos das coreografias, que variavam de acordo com o toque de atabaques de cada orixá que estava sendo louvado. O som dos atabaques induzia à aceleração do batimento cardíaco e, junto com a concentração exigida pelo aprendizado corporal das danças, cumpriam papel central na incorporação dos orixás.

No fim da tarde, após a execução de vários toques de atabaques, Mãe Marlene encerrou o ritual e as mulheres foram para a cozinha preparar as aves. Os homens ficaram no quintal para cortar o cabrito e retirar sua pele. Nazaré brincou comigo enquanto eu ajudava a depenar as galinhas, dizendo que havia "branco no terreiro achando que era preto", demarcando as diferenças de cor de uma forma jocosa que tinha como efeito suspendê-las, em vez de confrontá-las. À noite, jantamos risoto de galinha e pirão. O cabrito foi reservado para ser servido na festa de Ogum. Todos beberam cerveja e, na despedida, Mãe Marlene e Nazaré devolveram as guias de Ogum que haviam ficado no quarto dedicado ao orixá.

A festa de Ogum foi realizada dois dias depois. Quando cheguei à casa pela manhã, me ofereci novamente para trabalhar e Márcia me entregou o mesmo pano florido do dia da matança, que havia guardado no quarto de vestimentas dos filhos de santo. Nesse quarto, havia muitas roupas de orixás penduradas em cabides e ela me explicou que todas tinham sido costuradas na casa. Enrolei o tecido acima do peito e fui para a cozinha, onde outras mulheres começavam a preparar o salpicão que seria servido no almoço. Depois, todos foram para o quintal participar do sacrifício de duas galinhas. Durante a matança, cada um teve a cabeça, a nuca e a garganta embebidas pelo sangue das aves, enquanto Mãe Marlene orava pedindo fartura e que Ogum e Oxossi abrissem os caminhos. Em seguida, fomos para a sala e Mãe Marlene pediu que nos abaixássemos que ela queria falar: em tom solene, disse que às 10 horas o Terreiro da Casa Branca fazia o mesmo ritual, com todos os orixás já incorporados subindo as escadarias para tocar o xirê de Ogum. Produzia, assim, uma conexão simbólica entre o espaço de sua casa e o da casa de sua origem.

Findado o xirê, foi servido o almoço e, por volta das 14 horas, os filhos de santo colocaram suas roupas para a festa e Mãe Marlene me ofereceu uma roupa igual à das ekedis. Na cozinha, conversei com Nazaré sobre a dança, porque estava preocupada sobre quais momentos deveria entrar ou não na roda e a sequência de saudações que deveria fazer. Ela então me disse que eu poderia entrar e sair quando quisesse, que não havia uma regra, e, ao me ensinar a amarrar o turbante, também disse que poderia retirá-lo da cabeça caso me incomodasse. Nazaré me indicava, portanto, que o ritual da festa, embora seguisse uma sequência de eventos predeterminada e socialmente compartilhada, permitia uma autonomia individual.

Após a assistência se acomodar nos bancos, as iaôs entraram na sala vestidas de baianas e, durante os cânticos, alguns convidados também foram dançar e, um a um, incorporaram quando tocou a música de seu orixá de cabeça.

Quando todos já estavam virados no santo, o batuque parou e eles saíram para o quarto de vestir. Ao voltarem, cada qual estava vestido com a roupa de seu orixá e foram acomodados em cadeiras, levantando-se e dançando no toque para seu orixá. Ao final da festa, com os santos já desincorporados, foi servido o cabrito no jantar e realizado um animado churrasco com batuque no quintal.

Dias depois, Mãe Marlene me chamou para conversar em sua casa em um dia em que não havia nenhum ritual ou festa. Combinamos que eu levaria uma guia feita para Ogum e, quando cheguei, ela colocou a guia em uma infusão de folhas, para sacralizá-la. Sentou-se atrás de uma mesa, posta na sala em frente ao cômodo com objetos rituais, e então me perguntou se eu queria continuar frequentando a casa como "amiga" ou se me tornaria "filha". Falei sobre minha tradição familiar na umbanda, mas que não estava certa se desejava ser filha de santo. E acertamos que, enquanto pensava, faria uma roupa para a festa do Caboclo e usaria por um ano a guia de Ogum.

Comprei os tecidos para confeccionar uma roupa toda branca de baiana: um morim para fazer anágua, um tecido mais maleável para o calçolão e a parte da blusa que ficava por dentro da saia, um algodão com flores miúdas bordadas para a blusa, o ojá, o pano da costa e a saia rodada, e um bordado inglês para dar o acabamento às peças. Visitei depois a casa por duas vezes para que Nazaré tirasse as minhas medidas e para experimentar a roupa.

Ao participar da festa do Caboclo, realizada em julho, fui apresentada aos assentamentos da casa e tomei banhos de folhas antes de colocar as roupas de trabalho e do ritual. A roupa de baiana que vesti era extremamente pesada e quente, provocando uma transição fisiológica para o momento sagrado da festa. Também aprendi a saudar os orixás assentados e os filhos de santo de acordo com a hierarquia da casa. Como mulher, meu trabalho manteve-se concentrado na cozinha e, durante a festa, na roda de dança da sala. Observei que todas as mulheres trabalhavam por muitas horas em pé, e que essa posição corporal era muito valorizada por demonstrar o "sacrifício" que faziam para servir a casa e seus orixás. Nas divisões de gênero, eram atribuídas às mulheres as funções de "organizar" a festa e "servir" aos convidados, enquanto os homens deviam oferecer "proteção" e conseguir "recursos" para a casa.

Em meados de outubro, participei pela última vez de uma festa: o Presente das Iabás, considerado muito importante porque homenageava Oxum, orixá que dirigia a casa. Para essa festa, confeccionei outra roupa com Nazaré, desta vez florida. O início da festa foi realizado dentro da casa, com as saudações e os toques de algumas cantigas. Depois, todos os filhos de santo saíram em afoxé pelas ruas do bairro em direção à baía de Guanabara. Lá chegando, entraram em um pequeno barco com atabaques e quatro balaios fartamente floridos e decorados e, após alguns toques e cantigas, os iaôs viraram no santo e depositaram os balaios e suas oferendas nas águas. Durante os últimos cânticos, adormeci por alguns minutos sentada no banco do barco e, quando acordei, me disseram que havia entrado em transe.

Depois dessa festa, conversei novamente com Mãe Marlene sobre minhas dúvidas em relação a me tornar filha de santo e me afastei das atividades da casa. Ela ainda me telefonou algumas poucas vezes para saber se retonaria e para me convidar para a última festa do ano, dedicada a Oxalá. Mas, como eram as categorias "amigo" e "filho" que organizavam o nível de troca dos frequentadores da casa, ficando excluídos do sistema classificatório e das relações sociais da casa todos que não estivessem dispostos a participar de tais trocas, mantive a decisão de não me envolver mais com o candomblé. No início de 2010, Mãe Marlene quis saber o destino que daria às duas roupas que havia confeccionado e que estavam guardadas junto com as vestimentas dos demais filhos da casa. Perguntei se poderia doar para alguém, e ela contou que uma jovem iaô estava começando a participar das festas e rituais, mas não tinha dinheiro para comprar os tecidos. E assim os únicos objetos que materializavam minha presença ali foram destinados a outra pessoa, encerrando simbolicamente o ciclo de trocas que tinha estabelecido com a casa.

A participação na casa de Mãe Marlene possibilitou, portanto, que compreendesse algumas das práticas e valores dos integrantes do Gandhi, pois, no cotidiano das relações, assim como no da casa, muitos integrantes do bloco, ao chegarem aos pontos de encontro, se saudavam beijando as mãos e pedindo e oferecendo bênçãos. Havia especial deferência às pessoas mais antigas no santo, como Tia Creusa. Da mesma forma, eram dividas as atividades consideradas masculinas e femininas, com as mulheres ficando incumbidas do preparo dos alimentos e das roupas dos desfilantes, e os homens da manutenção física da sede e da ampliação das relações com o "mundo dos homens".

Os desfiles e apresentações do bloco também remetiam ritualmente às festas de orixás, em que a primeira atividade era o padê para Exu e a última o canto para Oxalá. Tanto na casa de Mãe Marlene quanto no Gandhi, após à festa/desfile era realizada uma roda de samba onde homens e mulheres se reuniam no mesmo espaço, possibilitando uma troca menos regrada, mais ritualmente prevista, entre os gêneros. E, espacialmente, os ogans e seus atabaques ficavam destacados e elevados em relação aos iaôs e às ekedis, que dançavam à sua frente. Essa elevação dos homens em um tablado os deixava mais próximos do céu, porém fixamente contidos, uns ao lado dos outros. Em oposição e complementaridade, as mulheres mantinham os pés em contato com o chão e realizavam um movimento amplo e circular em torno do mastro. A oposição entre a formação linear e circular dos rituais do candomblé só era desfeita quando os filhos de santo "saíam em afoxé", ou seja, quando tomavam uma formação de cortejo.

Em ambos era também operada uma cosmologia em que as classificações socioeconômicas, de origem, de gênero e etárias se ressignificavam a partir do orixá de cabeça de cada participante e de sua conexão com as esferas divinas, em que todos os rituais e festas buscavam ampliar os poderes mágicos dos filhos de santo e orientá-los para as realizações da vida prática. A busca por prestígio e abundância, no entanto, era controlada para que não se tornasse um "excesso", fosse através do "luxo" ou do intenso consumo de comida e bebida; preocupação que, na casa de Mãe Marlene, se apresentava como a negação de uma "suntuosidade".

A formação e perpetuação de um "patrimônio imaterial"

"Antigo" ou "velha guarda" eram as categorias utilizadas pelos integrantes do Gandhi para identificar diretores ou desfilantes de gestões passadas considerados importantes no processo de formação e perpetuação de seu patrimônio carnavalesco e religioso. Os antigos não eram, portanto, um grupo estável de pessoas como a diretoria, nem apenas uma identificação do tempo de participação no bloco, mas uma classificação e *status* atribuídos aos que possuíam especial poder simbólico para avaliar a autenticidade das práticas do Gandhi, embora tal poder não impedisse inovações e rupturas.

Quando acompanhei o bloco, os homens considerados antigos, embora desfilassem nos seus eventos mais importantes — o Presente de Iemanjá e o carnaval na avenida Rio Branco —, haviam se afastado das demais atividades por discordarem da gestão de Machado, provocando a diminuição do prestígio do Gandhi junto às casas de candomblé. Assim, foi fora do circuito de apresentações e desfiles do bloco que conheci dois membros antigos que tinham participado dele entre as décadas de 1960 e 2000: o ogan Índio e o pai de santo Hélio Tozan. Por meio de Nina Bitar, antropóloga que pesquisava as práticas e apropriações dos espaços públicos das baianas de acarajé na cidade (Bitar, 2011), conheci em outubro de 2009 o ogan Wilson Silva, ex-integrante do Gandhi e frequentador assíduo do ponto de venda da Ciça do Acarajé na praça XV. Ele gentilmente marcou uma conversa com Índio, em um bar em Realengo, e com Hélio, em sua casa em Bangu, ambos bairros da Zona Oeste da cidade. E sua presença nas duas conversas foi fundamental na mediação do processo de rememoração do passado do bloco.

Índio e Hélio permaneciam acompanhando as atividades do Gandhi e avaliando quais ações seriam portadoras de uma ligação verdadeira e genuína com o passado e quais seriam inautênticas ou impuras. Aferiam quão prestigiosas haviam sido as "épocas" do Gandhi, comparando as diferentes gestões presidenciais e suas formas de participar dos circuitos carnavalesco e do candomblé e de manipular determinados objetos e fundamentos religiosos. Assim, mesmo com suas narrativas sendo informadas por experiências individuais, se apresentando como uma entre tantas versões sobre a trajetória do Gandhi, elas indicavam como, do ponto de vista nativo, foi construído socialmente o que a atual diretoria denominava de "patrimônio imaterial" do bloco.

O mito de origem do Afoxé Filhos de Gandhi narrado por ambos remetia à fundação, em 1949, do Ijexá Filhos de Gandhi por estivadores de Salvador. O bloco carioca teria surgido dois anos depois, em 1951, por iniciativa de baianos que trabalhavam no Palácio do Alumínio, estrutura metálica armada na estação Central do Brasil. Lá, ofereciam trabalhos de pintor, pedreiro, marceneiro, ferramenteiro, chapeleiro, ourives etc. E no período carnavalesco faziam rodas de samba e capoeira. Teria sido então em uma segunda-feira de Carnaval que dois sapateiros baianos, Milton e Rubens, ao sentirem saudades de sua terra natal, foram em casa pegar lençóis brancos. Cortaram um buraco para passar a cabeça, amarraram na cintura, carregaram alguns atabaques e saíram pelas ruas do Centro da cidade cantando a saudação em iorubá: "Ê-emoriô. Ê-emoriô. Emoripaô...". Nesse desfile improvisado, foram acompanhados por mais nove homens, entre eles Le Paz, Alberto Sales Pontes, Vavá Palmé, Felipe, Mudinho, Prato Raso e Encarnação. Poucos deles eram estivadores, nem todos eram baianos: o forte elo que os unia era serem filhos de santo.

Essa formação original do Gandhi foi conduzida pelo falecido Le Paz, presidente que agregava aspectos identitários que permaneceram considerados autênticos na formação do patrimônio associado ao bloco: era estivador, capoeirista, carioca e feito no candomblé Opô Afonjá de Salvador. Ou seja, nele estavam simbolicamente concentradas as qualidades do trabalho braçal, da masculinidade viril, da origem carioca e da formação religiosa do candomblé baiano. Além de se reunir na Central do Brasil, nessa época o bloco também ensaiava nas proximidades da praça da Harmonia, na Gamboa, local de encontro dos baianos da estiva, e seus desfiles incluíam diversas vias das áreas central e portuária. Tais espaços se associaram à trajetória do bloco por facilitarem a mobilidade de diversos filhos de santo que moravam nos subúrbios, morros e municípios próximos e por dinamizarem as trocas com as instituições políticas, financeiras e recreativas da cidade.

A época seguinte foi a do baiano Alberto Sales Pontes, que, em 1961, organizou juridicamente o bloco como uma associação recreativa e cultural. Ele estabeleceu trocas mais estreitas com o universo carnavalesco carioca por ser genro de Dona Zica e Cartola, prestigiados sambistas do Morro da Mangueira, na Zona Norte da cidade. Em sua gestão, o Gandhi obteve um espaço para ensaios na escola de samba Estação Primeira de Mangueira e um amplo reconhecimento da população carioca ao ser convidado para compor uma ala com homens de lençóis e mulheres de baianas em seu desfile na avenida Rio Branco, via de apresentação das principais agremiações carnavalescas daquele período. Com esse reconhecimento, durante a década, o Gandhi compôs alas também na escola de samba Acadêmicos do Salgueiro (como no enredo *Xica da Silva*, 1963) e Portela (no enredo *Tronco de Ipê*, 1968), iniciando sua indexação sistemática aos temas da cultura afro-brasileira e da escravidão africana.

Na época de Le Paz e Alberto, embora as mulheres do candomblé pudessem compor alas nas escolas de samba, não era permitido que saíssem nos desfiles exclusivos do Gandhi. Esses, tal como ocorria (e ocorre até os dias atuais) no Gandhi baiano, eram considerados uma prática masculina. No entanto, as mães e filhas de santo já acompanhavam vestidas de baiana o cortejo no final de sua passagem e ajudavam a responder às cantigas de candomblé, fazendo assim parte da performance do bloco. Elas também apoiavam os maridos e namorados levando bolsas, comidas, bebidas e armas, para que fossem garantidas a continuação da festa — e das brigas — após os desfiles. Segundo Hélio, a primeira mulher que teria conseguido desfilar fantasiada no Gandhi foi Dona Dulce, que se escondeu, travestindo-se de índio para acompanhar o marido Le Paz e evitar que ele se envolvesse com outras mulheres. Mas, de acordo com a lembrança de Índio, a primeira mulher a desfilar travestida de índio foi Valdete, amante de Le Paz. Apesar das variações, ambas as versões se encerravam com a descoberta do artifício pelos demais desfilantes, mas não com a assimilação imediata da participação das mulheres nos desfiles do bloco.

Assim, as duas primeiras décadas de existência do bloco eram narradas por Índio e Hélio a partir de determinadas práticas e valores que eles acreditavam terem construído sua formação original e autêntica: a referência dos desfiles do Gandhi baiano, a sociabilidade das casas de candomblé, a exclusividade masculina nos usos das fantasias e a participação em alas nas escolas de samba cariocas.

As narrativas de Índio e Hélio saíam do plano mítico, com os eventos ganhando maior detalhamento e nuances a partir da gestão de Encarnação, na década de 1970, quando ambos começaram a participar mais ativamente do bloco. Segundo eles, nessa época, o bloco já contaria com cerca de 4 mil filhos de santo nos desfiles carnavalescos, popularidade que atribuíam principalmente ao prestígio de Encarnação no meio religioso: além de ogan da casa de Ninô d'Ogum, reconhecido pai de santo da cidade, ele era baiano e havia sido feito no santo na casa de Bate Folha, em Salvador. De acordo com Índio, seus integrantes eram então moradores de Nova Iguaçu, Itaguaí e Niterói, entre outras localidades, e tornaram-se assíduos nos desfiles do Gandhi, juntando-se aos frequentadores da casa de Ninô d'Ogum, os das casas de Mafalda, Joaquim, Regina, Detinha de Xangô, Madalena e Tia Milu. Essas casas eram localizadas principalmente na Baixada Fluminense, e os ogans do bloco muitas vezes compareciam a três festas em uma única noite.

Na lembrança de Hélio, durante a gestão de Encarnação o Gandhi ampliou ainda mais a participação nas grandes escolas de samba, compondo alas em quatro ou cinco delas por ano, sempre que havia um enredo de "tema africano". Além disso, após a organização da Riotur, em 1972, o bloco foi contratado para fazer a abertura oficial dos desfiles de Carnaval da cidade. Em seus desfiles próprios, "parava a cidade", percorrendo um circuito que incluía a rua Barão de São Felix, a rua Camerino, a travessia da avenida Presidente Vargas, a praça Tiradentes e o retorno à Central do Brasil. A localização dos ensaios nas áreas central e portuária da cidade também foi mantida, embora em novos espaços após a demolição do Palácio do Alumínio para a construção de uma rodoviária. A diretoria então alugou a casa do Clube Recreativo Brasil, atrás da Central do Brasil, e nela desenvolveu jogos de carteado e cassino, atividades ilegais que agregavam seus integrantes e auxiliavam no custeio de ensaios e desfiles. Além dessa casa, o bloco passou também a frequentar o sobrado do rancho carnavalesco Recreio das Flores, na praça da Harmonia, na Gamboa.

Entre as inovações, foi extinta a exclusividade masculina e foram criadas alas próprias para as mulheres nos desfiles carnavalescos. Primeiro surgiu uma ala composta pelas jovens filhas, sobrinhas e afilhadas dos integrantes do Gandhi fantasiadas de "escravas", traje que se apropriava das referências à escravidão que popularizavam o bloco e era formado por uma alça atravessada no tronco ligada a um saiote branco com faixa azul na cintura. Posteriormente, passaram também para o lado de dentro do cordão de isolamento as mulheres mais velhas, que seguiam e apoiavam os desfilantes vestidas de baianas.

Outra inovação que se perpetuou entre as práticas do bloco foi a ampliação de suas trocas com contextos sociais mais amplos, através da organização de "apresentações culturais" fora do calendário carnavalesco. O antropólogo e filho de santo Raul Lody foi apontado como o integrante que incentivou e mediou esses eventos por ser funcionário da Funarte, órgão federal ligado ao Ministério da Cultura. Lody era carioca, mas ainda jovem foi confirmado no santo por Nicinha da casa do Bogum, em Salvador. Ele articulou junto ao governo apresentações do Gandhi em eventos culturais e folclóricos em diferentes locais da cidade e do país, como Minas Gerais, Paraíba e Alagoas. Nesses eventos, após cantarem o ijexá, os integrantes do bloco também faziam uma roda de samba de umbigada, com finalidade recreativa.

Lody havia elaborado ainda dois estudos sobre o Gandhi carioca (Lody, 1976 e 1993), em que descrevia algumas das características do bloco na época de Encarnação: o agrado para Exu no início das apresentações e os cantos para Oxalá no fim; as coreografias inspiradas nas danças para os orixás; a música marcada pelo toque de atabaques, agogôs e cabaças; o entoo de cânticos em iorubá e a ocupação da presidência por homem com grande prestígio religioso entre as casas de candomblé. Tais estudos tornaram-se uma importante referência para os integrantes das diversas diretorias do Gandhi, com suas análises sendo muitas vezes evocadas para aferir a "autenticidade" ou "tradicionalidade" de determinadas práticas em momentos de transformação do bloco.[74]

Após o falecimento de Encarnação, em 1978, a presidência do Gandhi permaneceu por mais duas gestões entre os filhos de santo da casa de Pai Ninô d'Ogum. O quarto presidente foi Índio, feito no santo em Salvador, "ainda na barriga da mãe", que estava grávida quando se iniciou no candomblé. Ele narrou ter herdado de Encarnação a obrigação religiosa de dar de comer antes das apresentações a dois Exus: Bara Jiquitiriri e Tucumã. Além deles, Índio também passou a dar de comer a Babá Egun, para que fossem encaminhados todos os integrantes do bloco que já haviam falecido. Tais "ancestrais" passaram assim a contar com rituais específicos, ajudando a formar subjetivamente a consciência da passagem do tempo e da formação de um patrimônio próprio.

Na época de Índio, o Gandhi ficou novamente sem local de ensaios e sua diretoria começou a buscar uma sede própria. Para ajudar na obtenção de um imóvel, elegeu como "presidente de honra" o fundador da Banda de Ipanema, Albino Pinheiro, e contatou o presidente da Federação de Blocos Afros e Afoxés do Rio de Janeiro (Febarj), Mário Silva. A intenção era conseguir a cessão de uso de um dos diversos sobrados vazios ou informalmente ocupados dos bairros portuários pertencentes ao governo estadual, que estavam sendo incluídos na lei de preservação do Projeto Sagas. Essa conquista, no entanto, só foi parcialmente alcançada na gestão seguinte, de Guerra, a partir da mesma estratégia de troca de prestígios entre os meios carnavalesco e político da cidade.

---

[74] Sobre as influências entre as práticas do candomblé e os estudos antropológicos, ver, entre outros autores, Sansone (2012) e Silva (2000).

Segundo Índio, o que tornou sua época marcante foi principalmente duas inovações: a incorporação do Presente de Iemanjá no calendário festivo do Gandhi e a permissão de não iniciados no candomblé participarem dos desfiles. O dia de Iemanjá já era celebrado na cidade pelas iniciativas individuais das diferentes casas de candomblé quando o bloco realizou sua oferenda em 1981. Nesse ano, o Gandhi permanecia sem sede e utilizava a casa de candomblé de Magnólia para ensaiar e guardar instrumentos, fantasias e estandarte. Hélio então conversou com um diretor da escola de samba Unidos de São Carlos (atual Estácio de Sá), no Centro, e conseguiu o empréstimo de sua quadra para os ensaios de domingo do bloco.

No primeiro dia de ensaio, em 1º de fevereiro, um dos integrantes do Gandhi tinha dado um bori em Xangozinho, que era de Iemanjá. Ele pediu para Índio convidar os demais integrantes para a missa que seria dedicada ao orixá no dia seguinte na Igreja de Santa Ifigênia, na rua da Alfândega, Centro da cidade. Depois da missa, Hélio e Índio sugeriram que fosse feita uma festa do Saveiro saindo da Cinelândia, para divulgar o bloco para a população e os vereadores. Os dois então convidaram os outros fiéis que estavam na missa, que segundo Índio eram todos "macumbeiros", e eles quiseram levar bijuteria, perfume e sabonete para oferecer a Iemanjá. Embora Índio insistisse que queriam realizar não um Presente para Iemanjá, mas uma Festa do Saveiro, que era apenas uma comemoração realizada na sede, foi tanta a insistência que eles cederam.

Os integrantes do Gandhi foram pelos mercados do Centro procurar um balaio para depositar os objetos ofertados pelos fiéis, mas acharam apenas no Mercadão de Madureira, onde também compraram um prato de louça raso, uma faca e um "obi", noz de cola utilizada para jogo divinatório. Outro integrante foi procurar um barco para levar o presente e duas mulheres ficaram incumbidas de fazer os enfeites do balaio. À tarde eles se encontraram em frente à Câmara dos Vereadores. Índio jogou o obi e confirmou que o bloco podia desfilar. Todos fizeram uma roda de canto e dança e saíram em cortejo em direção à Marina da Glória, de onde partiu um barco para a baía de Guanabara.

Já a permissão de não iniciados no candomblé participarem dos desfiles teria sido motivada pelo desejo de aumentar o número de desfilantes e o prestígio social do bloco. Como narrou Índio, durante a gestão de Encarnação ainda havia quem defendesse que o Gandhi fosse integrado apenas pelos que tivessem pelo menos sete anos de feitos no santo. Mas, em sua opinião, qualquer um poderia participar do bloco porque, embora houvesse um fundamento religioso, tinha se tornado também "folclórico", termo que se referia a sua gradual transformação em mediador entre o povo do santo e a população da cidade. Um efeito imprevisto dessa abertura dos desfiles para não iniciados, no entanto, foi o aparecimento de "dissidentes" devido às diferentes formas de conceber as participações do bloco nos desfiles em escolas de samba.

A primeira evasão numerosa ocorreu em 1982, após o Gandhi desfilar na Unidos de São Carlos, que trazia o enredo *Onde há rede, há renda*, sobre a "mulher rendeira". Segundo Índio, nesse desfile a diretora artística do bloco montou uma ala com muitos homens e mulheres homossexuais e apresentou à diretoria um figurino composto por vestido rendado e calçolão por baixo. No momento do desfile, no entanto, alguns de seus integrantes vestiram só a roupa de renda e um tapa-sexo, fazendo com que o jornalista Rubens Confete criticasse severamente o bloco em seus comentários na Rádio

Nacional, abalando seu prestígio carnavalesco. Na percepção de Índio, esses integrantes haviam desobedecido às orientações da diretoria de não exibir corpos desnudos nos desfiles. A única exceção aceita eram as fantasias femininas compostas por saias e seios à mostra, que compreendiam ser uma vestimenta existente na África e possuidora de uma base identitária. Como desdobramento, os que discordaram dessas orientações se retiraram do Gandhi e formaram o bloco afro Filhos de Dan.

O episódio apontou também para um mal-estar em relação à participação cada vez maior de homossexuais nos desfiles do bloco. Como explicou Índio e Hélio, desde a fundação do Gandhi havia componentes homossexuais, a diferença era que antes eles não eram "assumidos", ou seja, não expunham a sexualidade em gestuais e vestimentas. Tal exposição estava sendo vivenciada como desabonadora da conduta de seus integrantes heterossexuais ligados à estiva e à capoeira, classificados como "machos" ou "valentes".

Outras transformações das práticas carnavalescas do bloco também foram vivenciadas como um declínio de seu prestígio. Uma delas foi o cancelamento do contrato com a Riotur de abertura dos desfiles carnavalescos da cidade quando esses já haviam sido transferidos três anos antes para a avenida Marquês de Sapucaí (atual Sambódromo). Outra ocorreu no ano seguinte, em 1988, o último da gestão de Índio, quando o Gandhi compôs uma ala no enredo *Kizomba, a festa da raça*, da escola de samba Unidos de Vila Isabel, sobre o centenário da abolição da escravidão. A escola havia solicitado à diretoria que levasse 100 desfilantes, mas na concentração apareceu o dobro porque alguns integrantes do bloco venderam suas fantasias. O mesmo ocorreu quando o Salgueiro solicitou 50 pessoas, e apareceram 300 fantasiadas. Aborrecido com essa comercialização e falta de controle, Índio se afastou das atividades do bloco e pediu que Guerra assumisse a presidência.

Guerra era construtor de carroceria de caminhão, um dos fundadores da Febarj e também filho de santo da casa de Pai Ninô d'Ogum. Segundo Índio e Hélio, sua época teve dois momentos distintos: um de grande prestígio, que teria durado até meados da década de 1990; e outro, posterior, de "decadência". Na primeira metade da gestão, Hélio foi seu vice-presidente e coordenou os desfiles carnavalescos na Riotur. A diretoria então conseguiu que o bloco ensaiasse no Sambódromo e assinasse por três anos consecutivos um contrato com a Prefeitura de construção e aluguel de todas as barracas de venda de comidas e bebidas do recém-inaugurado Terreirão do Samba.[75] Tal êxito repercutiu no meio religioso, fazendo com que diferentes casas de santo mobilizassem seus filhos e garantissem uma numerosa presença nos desfiles do bloco. O ápice da gestão ocorreu em 1992, quando a diretoria obteve do governo estadual a cessão de uso por cinco anos do imóvel da rua Camerino.

Depois dessas conquistas, Índio e Hélio narraram o que consideravam ter sido o período de "perdas" contínuas das práticas religiosas e carnavalescas que consideravam autênticas ao bloco, acarretando sua fragmentação em mais de 15 blocos afros dissidentes. Para Hélio, tais perdas eram devidas ao adoecimento e afastamento de Guerra, à má composição da diretoria, à ocorrência de muitos integrantes bêbados

---

[75] O Terreirão do Samba foi construído em 1991 ao lado do Sambódromo, concentrando barracas de comida e bebida e oferecendo shows a preços populares durante o Carnaval. É nele também que ocorrem as apurações dos desfiles das escolas de samba dos grupos de Acesso e dos blocos da cidade.

nos desfiles e ao aumento de homossexuais e à possibilidade de eles portarem o estandarte do Gandhi, objeto considerado símbolo de sua tradição masculina.

> Aí quem não era [homossexual], que não fazia parte do grupo, se afastou. Porque o Gandhi antigamente era coisa de valente, era coisa de "homem, sim, senhor", capoeirista, gente que dançava com o estandarte. Não se admitia homem de torcinho na cabeça, homem que não era homem dançando com o estandarte do Afoxé Filhos de Gandhi. Hoje o estandarte do Filhos de Gandhi, que sempre foi respeitado, hoje é elaborado por quem nós chamamos de "adé fontofe", homossexual. A gente não tem nada a ver com isso. Cada um na sua. Mas era tradição de não poder. Por exemplo, Gandhi em Salvador é coisa de estivador. Continua sendo gente de estiva, gente de Marinha, como era aqui a mesma coisa. E de repente aqui no Rio o Gandhi se perdeu. Ele se perdeu em todos os sentidos. (Hélio, entrevista concedida em novembro de 2009)

Já as perdas religiosas indicadas por Índio teriam sido a diminuição de sua relação com as casas de candomblé e a modificação de alguns de seus fundamentos. Uma delas teria sido decorrente da própria importância que o Presente de Iemanjá ganhou na divulgação do candomblé: à frente dos balaios passaram a desfilar pessoas de prestígio no meio religioso, carnavalesco e político, o que para ele seria um erro, porque ninguém poderia vir antes de Iemanjá no cortejo.

Mas apesar de a morte de Guerra, em 1998, ter sido vivenciada por ambos como uma espécie de fim da história do Gandhi, uma nova diretoria deu continuidade à sua trajetória. Poucos meses antes de falecer, Guerra propôs que

Machado, então seu vice-presidente, assumisse a gestão do bloco. Ele, no entanto, não era iniciado no candomblé: seu prestígio vinculava-se ao Carnaval e aos movimentos sociais da Zona Portuária. Por causa de sua falta de ligação religiosa, Machado foi considerado por Índio e Hélio como um "estranho ao meio". Para eles, o Gandhi deveria retornar para a direção da "família de Encarnação", expressão que se referia tanto aos seus parentes consanguíneos quanto aos de santo. E, mesmo que ainda houvesse mulheres de épocas anteriores desfilando no bloco, como Tia Creusa e Dona Rosa, não eram consideradas capazes de, sozinhas, resgatar o que consideravam ser essa tradição perdida, pois fazia parte de suas noções de tradicionalidade o bloco ser comandado por homens.

Segundo narrado por Machado, ele havia conhecido as atividades do Gandhi em 1985, quando era presidente da Associação de Moradores e Amigos da Saúde e participava da criação do Projeto Sagas. Teria sido o conhecimento sobre a situação imobiliária da Zona Portuária que fez com que Índio o procurasse para saber quais imóveis do governo estadual estavam desocupados e podiam ser solicitados para sediar o bloco. Nessa época de Índio, o Gandhi estava sem local de ensaio e tinha transferido provisoriamente suas atividades para o Centro Cultural Municipal José Bonifácio, na Gamboa.

Quando o Gandhi passou a ser dirigido por Guerra, Machado foi candidato a vereador e, mesmo não sendo eleito, sua expressiva votação nos bairros portuários fez com que fosse indicado pela Prefeitura para dirigir tal centro cultural e chamado para ser vice-presidente do bloco. Os dois então retomaram as articulações para obtenção da sede e, em 1992, conseguiram, com o apoio de Albino Pinheiro e Sérgio Cabral, a cessão de uso do sobrado da rua Camerino. O imóvel, no entanto, encontrava-se ocupado informalmente por algumas famílias, e não havia qualquer ação de reintegração de posse movida pelo governo estadual, o que fez com que o Gandhi não conseguisse se instalar imediatamente.

Com a mudança do governo na virada do ano, o sobrado foi novamente cedido, só que desta vez para a Prefeitura, que visava desenvolver projetos de "estruturação urbana" dos bairros da Saúde e da Gamboa. Os moradores informais foram então retirados, mas o imóvel permaneceu lacrado e sem qualquer uso. Finda essa gestão municipal, o bloco procurou o secretário de governo da nova gestão e soube que não havia mais interesse em permanecer com o imóvel porque o custo da reforma seria alto. Segundo Machado, este secretário sugeriu que o Gandhi invadisse o sobrado antes que o devolvessem para o governo estadual, já que depois seria mais difícil conseguir ocupá-lo. Teria sido assim que, em 1997, o bloco se apossou da sede e reiniciou uma negociação para que fosse regularizada sua cessão de uso.

No ano seguinte, Guerra propôs que Machado assumisse a presidência do Gandhi, que passava por um período de grande desarticulação: naquele Carnaval, o bloco havia desfilado com apenas seis integrantes de "velha guarda" na avenida Rio Branco. Além de atuar politicamente na associação de moradores, Machado também possuía sua trajetória de vida marcada pela presidência da escola de samba Vizinha Faladeira, sediada no Santo Cristo. Mesmo assim, recebeu o convite com preocupação, pois não era iniciado no candomblé.

Machado explicou que não era obrigatório que os participantes do Gandhi fossem do candomblé, embora quase todos fossem. Em sua avaliação, ser vice-presidente do bloco sem ser iniciado não era problema, mas, como era responsabilidade do presidente "proteger" o conjunto dos integrantes do bloco e também era ele quem mais sofria com críticas e inimizades, achava que devia fortalecer seu ori. Assim, se iniciou aos 49 anos de idade na casa da nação Jeje Mahi,[76] do pai de santo Carlos, localizada em Itaguaí, Baixada Fluminense. No entanto, mesmo iniciado e conseguindo aglutinar nos desfiles filhos de santo de diferentes casas de candomblé, Machado não se tornou um frequentador assíduo delas, só comparecendo eventualmente à casa de Renato d'Obaluaê, que era um "amigo". As oposições "bem" e "mal" e "amigos" e "inimigos" eram constantemente articuladas em sua fala, fazendo com que também recorresse constantemente à noção de "proteção". Para ele, nas religiões afro-brasileiras havia uma "energia que trabalhava por você ou contra você", sendo possível acessar essa "força" através de rituais.

A formação da diretoria do Gandhi, segundo Machado, se dava por afinidade, com as pessoas participando à medida que concordavam ou não com a gestão do presidente. A última eleição tinha ocorrido em 2003, com quatro chapas concorrentes, e ele foi reeleito com 56% dos quase 600 votos. Mas o processo eleitoral não havia sido harmônico e tinha envolvido a reputação de Machado como "morador antigo" da Zona Portuária. Ele contou que um dos candidatos que concorreu à presidência tinha sido ajudado por ele a se estabelecer na cidade, através do custeio da passagem de vinda de Salvador, do abrigo em sua casa e da obtenção de um em-

---

[76] Segundo Machado, as nações do candomblé se diferenciavam pelo dialeto, pelas formas de tocar os atabaques e por seus fundamentos religiosos. Para exemplificar essas diferenças, ele diz que na nação Jeje Mahi eram cultuados os voduns, na nação Ketu eram cultuados os orixás e, na nação Angola, os nkisi. Mas, como tinha havido uma popularização da nação Ketu, houve uma adaptação aos seus termos e a seus orixás. Assim, o vodun de Machado, "em analogia", tinha as qualidades do orixá Xangô, mas era diferente na forma de cultuar.

prego. No momento em que montou a chapa, no entanto, havia falado mal de Machado, "para quem não devia" e tinha sido quase morto, sendo salvo por seu filho, que o levou até a Central do Brasil para pegar um ônibus e ir embora. Explicou que morava havia 40 anos na Gamboa e que os valores "do pessoal que vive na bandidagem" eram muito rígidos, sendo o "respeito" e a "lealdade" dois dos mais importantes.

> As pessoas lá no morro [da Providência] quando se referem a mim não se referem ao presidente do Gandhi ou ao Machado. Se referem ao Seu Machado. E quando eu passo, se o cara tiver armado, ele esconde a arma. Ele sabe que eu não tenho que ficar olhando pra arma dele. Se eles tiverem fumando ou tiverem cheirando, eles se afastam para que eu não veja eles fumando nem cheirando. Eles têm respeito por mim. Então, uma pessoa que é respeitada, você chegar e falar mal dela já é complicado. As pessoas sabendo que você tá comendo e bebendo às minhas custas, tá falando mal de mim, o negócio complica mais ainda. Os valores do pessoal que vive na bandidagem, eles têm determinados valores que são muito rígidos. De uma certa forma até errado, mas são rígidos. A lealdade é uma delas, se você não é leal você deve morrer. E foi por causa disso que ele quase morreu. (Machado, entrevista concedida em novembro de 2008)

Na avaliação de Machado, além de ele não ser antigo no candomblé, dois motivos continuaram causando inimizades durante sua gestão do Gandhi: ele era "branco" e tinha implantado algumas modificações nas músicas e letras do bloco. Essas modificações haviam começado a ser elaboradas ainda em 2000, quando o cantor e integrante do Ijexá Filhos de Gandhi de Salvador, Gilberto Gil, na época ministro da Cultura, procurou a diretoria do bloco carioca com a intenção de apoiar as comemorações de seus 50 anos. Após contatar Machado, Gil articulou o uso gratuito do Clube dos Portuários, no Santo Cristo, para que fossem realizados os ensaios do Carnaval de 2001, e financiou uma grande e onerosa estrutura, com camarotes, aparelhagem de som e iluminação. O combinado era que o próprio Gil frequentasse os ensaios e chamasse convidados para atrair o público, mas isso não ocorreu. E como o Gandhi tinha se desarticulado no final da gestão de Guerra, essa estrutura ficou subutilizada, com os ensaios semanais reunindo cerca de 30 pessoas.

Apesar do fracasso, a visita que Machado fez nesse ano ao presidente do Gandhi baiano incentivou algumas alterações no bloco. Ele então percebeu que o sucesso popular conseguido em Salvador, onde o Gandhi colocava na rua cerca de 16 mil desfilantes no Carnaval, devia-se ao canto de músicas brasileiras de sucesso radiofônico adaptadas para o ritmo ijexá. Com isso, todos os foliões conseguiam acompanhar as canções durante o desfile, mesmo não sendo do candomblé. Assim, após sua ida a Salvador, o processo de mudança das letras das músicas do bloco carioca para o português e a aceleração de seu andamento foram gradativos, só começando a ser bem-aceitos pela diretoria cinco anos depois.

Ao alterar as apresentações, o desejo de Machado era tanto "popularizar" e "profissionalizar" o bloco quanto resolver três aspectos que considerava negativos: as pessoas que não eram do candomblé e assistiam ao bloco não sabiam como se portar durante os cânticos; havia a possibilidade de elas serem negativamente afetadas pela "energia" das músicas; e a forma própria de cantar essas músicas requeria uma entonação mais severa que retirava "a alegria do profano". Mas essas inovações não significaram, em sua opinião, que o Gandhi tivesse deixado de ser um "candomblé de rua", já que continuou realizando preceitos religiosos antes das apresentações.

> Quando você tem um afoxé desfilando, ou indo pra rua, se ele realmente é um afoxé ele é um candomblé de rua. Ainda que ele não cante as cantigas de candomblé na rua, como os Filhos de Gandhi eu faço questão hoje de não cantar, só levar a parte cultural, mas para colocar o Gandhi na rua eu tenho um preceito religioso que tem que ser cumprido. Então na realidade ele não deixa de ser um candomblé de rua, mesmo ele sendo um afoxé cultural. (Machado, entrevista concedida em novembro de 2008)

No sistema de autenticidade operado por Machado, portanto, sua gestão do Gandhi não havia retirado o que considerava ser a principal característica do bloco: as práticas religiosas do candomblé. Suas modificações eram justificadas mais pelo desejo de tornar a "tradição popular" do bloco passível de concorrer no disputado mercado carnavalesco[77] do que de alterar os preceitos religiosos que tinham feito o Gandhi ser reconhecido como uma herança cultural entre o povo do santo. Em sua opinião, os vereadores e deputados costumavam chamar o Gandhi para se apresentar sempre que realizavam eventos relacionados aos temas da "cultura negra" e dos "cultos afros", mas havia ainda uma percepção de que o bloco era uma "casa de caridade", e não um bloco "profissional" que recebia cachê.

O processo de profissionalização do Gandhi, no entanto, estaria inconcluso não apenas por causa dessa falta de reco-

---

[77] Sobre a introdução de uma lógica de comercialização e profissionalização nas práticas carnavalescas, ver Cavalcanti (1994).

nhecimento social, mas também pela própria dificuldade de organização do bloco. Sua reclamação era que muitas vezes tinha de pagar passagens de ônibus e refeição para que a diretoria participasse dos eventos. Também precisava que a produtora do bloco, Regina, se responsabilizasse pelas fantasias, lavando-as e passando-as. Além disso, a falta de dinheiro e os baixos cachês que o Gandhi recebia eram motivos constantes de troca de acusações de roubo, pois muitos integrantes se queixavam de não receber nada para tocar e dançar, embora Machado contra-argumentasse que o pouco dinheiro que entrava cobria as pequenas despesas de manutenção do bloco.

Assim, as narrativas sobre as diferentes épocas do Gandhi indicavam que a constante transformação de suas práticas fazia parte de suas noções de circulação e reciprocidade, já que buscavam ampliar os espaços de prestígio do bloco mesmo quando as inovações eram compreendidas como riscos e perdas. Indicavam também que tinha sido fruto do movimento dialético entre permanência e inovação que seus integrantes mantiveram como bem inalienável os fundamentos religiosos do candomblé, ancorando neles um sentido de perpetuação expresso no desejo de se tornar em "patrimônio imaterial" da cidade e de ser reconhecido como herdeiro da Pequena África.

CONSIDERAÇÕES FINAIS
Os imponderáveis percursos dos patrimônios

Nas últimas décadas, as amplas intervenções em áreas centrais e portuárias "degradadas" ou "abandonadas" das grandes cidades vêm inserindo-as em uma lógica internacional de competição pela atração de capitais, de mão de obra especializada e de megaeventos. No processo de redefinição dos usos e funções de seus bairros, até então predominantemente destinados às atividades comerciais e industriais e à moradia popular, essas intervenções têm sido denominadas "revitalizadoras urbanas" pelas forças políticas e econômicas, com a afirmação do desejo de valorização de seus aspectos construtivos e históricos singulares. No entanto, como face oculta dos efeitos sociais dessas intervenções há a especulação imobiliária e a alteração do perfil socioeconômico da população, e, acentuando seus aspectos conflitivos, emergem os contradiscursos locais e suas articulações de narrativas de passado, memórias e identidades "culturais", "étnicas" ou de "minorias".[78]

A partir de uma diferenciação subjetiva em relação a outras experiências, alguns grupos e indivíduos passam então a construir ativamente uma identidade capaz de ser afirmada

---

[78] Entre os autores que têm apontado essa tendência de intervenções urbanísticas e seus diversos efeitos sociais, ver Smith (1987); Sassen (1991); Arantes (2000); Magnani (2002); McDonough (2003); Guimarães (2004); Frúgoli, Andrade e Peixoto (2006); Bidou-Zachariasen (2006); Leite (2007); Eckert (2010).

e valorizada. Mas, por serem os contextos urbanos possuidores de diversos significados e posicionamentos sociais, determinados mecanismos precisam ser acionados para produzir a percepção sensível de tais diferenças identitárias. Entre esses mecanismos, as ações de patrimonialização têm sido utilizadas não apenas como forma de reconhecimento da diversidade cultural, mas também como mediadora de lutas políticas.

Os desdobramentos do processo de imaginação do Morro da Conceição como "sítio histórico de origem portuguesa" apontaram, no entanto, para o fato de que nem tudo pode ser ideologicamente construído e economicamente potencializado pelos projetos urbanísticos. Quando se trata do passado de pessoas, objetos e espaços, diferentes e desestabilizadoras memórias são movimentadas, como a da Pequena África, trazendo à tona narrativas sempre passíveis de serem recontadas como a versão não exibida da patrimonialização da cidade.

Mas como a vida social é permeada de situações imponderáveis, quando em 2009 o Rio de Janeiro foi confirmado como uma das cidades brasileiras integrantes do circuito da Copa do Mundo de 2014 e sede dos Jogos Olímpicos de 2016, houve o substancial aumento dos investimentos governamentais em projetos urbanísticos. Parte deles foi novamente direcionada para os bairros portuários, dando continuidade e ampliando as obras implantadas pelo Plano Porto do Rio. Denominado Porto Maravilha — Operação Urbana Consorciada da Área de Especial Interesse Urbanístico da Região Portuária do Rio de Janeiro, o plano promoveu diversas transformações na região, como a construção de redes de água, esgoto e drenagem, a coleta seletiva de lixo, o incremento da iluminação pública, a alteração das vias de tráfego e o apoio à construção de dois museus em parceria com a Fundação Roberto Marinho: o Museu de Arte do Rio de Janeiro, localizado na praça Mauá e inaugurado em 2013, e o Museu do Amanhã, em fase de construção no píer Mauá, além da demolição dos 5,5 km do elevado da Perimetral. Frente aos olhos espantados da mídia, em março de 2011 a Prefeitura também divulgou uma "descoberta" das obras urbanísticas: o encontro por arqueólogos do Museu Nacional de lajes de pedra do antigo cais do Valongo, por onde escravos africanos haviam aportado entre os anos de 1750 e 1831 e que, posteriormente, tinha sido remodelado e rebatizado de cais da Imperatriz. Após as escavações, objetos como búzios, miçangas, cachimbos, anéis e cristais passaram por um tratamento patrimonial, com a realização de ações de salvaguarda pelos planejadores urbanos em conjunto com o Iphan. Além da preservação desses objetos, a Prefeitura também reordenou urbanisticamente o espaço, criando o Memorial do Cais do Valongo para exibir seus vestígios materiais, e o integrou ao subprojeto Circuito Histórico e Arqueológico da Herança Africana, de sinalização e divulgação de determinados pontos da Zona Portuária associados à memória da "diáspora africana": a Pedra do Sal, o Jardim Suspenso do Valongo, o Cemitério dos Pretos Novos, o Centro Cultural José Bonifácio e o largo do Depósito (atual largo dos Estivadores).

> Nas últimas décadas, em particular, após o início das obras do Porto Maravilha, estudos e escavações arqueológicas trouxeram à tona a importância histórica e cultural da Região Portuária do Rio de Janeiro para a compreensão do processo da Diáspora Africana e da formação da sociedade brasileira. Achados arqueológicos motivaram a criação, pelo Decreto Municipal 34.803 de 29 de novembro de 2011,

do Grupo de Trabalho Curatorial do Circuito Histórico e Arqueológico da Herança Africana, para construir coletivamente diretrizes para implementação de políticas de valorização da memória e proteção deste patrimônio cultural. Cada um dos pontos indicados pelo decreto remete a uma dimensão da vida dos africanos e seus descendentes na Região Portuária. O Cais do Valongo e da Imperatriz representa a chegada e o comércio de africanos. O Cemitério dos Pretos Novos mostra o tratamento indigno dado aos restos mortais dos povos trazidos do continente africano. O Largo do Depósito era área de venda de africanos escravizados. O Jardim do Valongo simboliza a história oficial que buscou apagar traços do tráfico negreiro. Ao seu redor, havia casas de engorda e um vasto comércio de itens relacionados à escravidão. A Pedra do Sal era ponto de resistência, celebração e encontro. E, finalmente, a antiga escola da Freguesia de Santa Rita, o Centro Cultural José Bonifácio, o maior centro de referência da cultura negra da América Latina, remete à educação e à cultura como instrumentos de libertação em nossos dias. Esses marcos receberão sinalização oficial de ponto do Circuito Histórico e Arqueológico da Celebração da Herança Africana e atenção especial do Porto Maravilha Cultural. O Grupo de Trabalho do Circuito estabeleceu, além da sinalização, ações para ampliar o conhecimento desta parte da história da Diáspora Africana. A proposta prevê visitas guiadas, publicações e atividades de divulgação. (...) Hoje o Cais é candidato ao título de Patrimônio Histórico da Humanidade, reconhecimento da Organização das Nações Unidas para a Educação, a Ciência e a Cultura (Unesco).[79]

---

[79] Ver: <http://portomaravilha.com.br/web/esq/projEspHeranca.aspx>. Acesso em: set. 2012.

Apesar do tom eufórico na recepção desses vestígios materiais, como observado durante a pesquisa na Zona Portuária, o encontro dos planejadores urbanos municipais com a memória afro-brasileira dos bairros portuários não foi inédito nem fortuito. Do ponto de vista dos eventos recentes da região, a patrimonialização do cais pela Prefeitura portava ambiguidades em sua interpretação, pois podia ser compreendida tanto como uma tentativa de afirmar como de negar ou acomodar simbolicamente as identidades e formas de habitar dos grupos que protagonizam demandas de reconhecimento social desde a divulgação do Plano Porto do Rio. Já do ponto de vista das narrativas míticas sobre o passado da região, podia ser ainda compreendida como a busca por produzir uma nova versão, talvez redentora em sua opção política e estética pela monumentalidade, das cíclicas interações entre os planejadores urbanos e os que se autoidentificavam afrodescendentes.

Assim, a oficialização pela Prefeitura dos marcos espaciais relacionados à Pequena África deixava algumas perguntas em aberto: a afirmação e redenção da memória da escravidão trouxe o reconhecimento social daqueles habitantes que, antes da "descoberta" do cais do Valongo, se colocavam como herdeiros da Pequena África? Ou a lógica das políticas de patrimônio e urbanização manteve apartados passado e presente, produzindo apenas mais uma forma de ordenar e disciplinar os espaços da cidade com suas "visitas guiadas, publicações e atividades de divulgação"? Ou ainda, como provoca Huyssen (2000), a monumentalização das memórias traumáticas não trariam embutidas um processo ativo de esquecimento dessas mesmas memórias? Sem uma pesquisa etnográfica sobre os desdobramentos dos conflitos sociais na Zona Portuária, decorrentes dos projetos de urbanização, não é possível responder com certeza absoluta a nenhuma dessas questões. Permanece, assim, uma dúvida interpretativa: o memorial construído pelo Porto Maravilha estaria criando ou destruindo um ícone escravista?

Referências bibliográficas

ABREU, Maurício de Almeida. *A evolução urbana do Rio de Janeiro*. Rio de Janeiro: Instituto Pereira Passos, 2006.

ARANTES, Antonio Augusto. *Paisagens paulistanas*: transformações do espaço público. Campinas: Editora da Unicamp; São Paulo: Imprensa Oficial, 2000.

ARANTES, Érika Bastos. *Negros do Porto*: cultura e trabalho no Rio de Janeiro da *Belle Époque*. Campinas, 2005. Dissertação (Mestrado em História) – Programa de Pós-graduação em História, Universidade Estadual de Campinas. Campinas, 2005.

ARRUTI, José Maurício Andion. *Mocambo*: antropologia e história do processo de formação quilombola. São Paulo: Edusc, 2006.

_____; FIGUEIREDO, André Luiz Videira. Processos cruzados: configuração da questão quilombola e campo jurídico no Rio de Janeiro. *Boletim Informativo NUER*, Florianópolis, v. 2, n. 2, p. 77-94, 2005.

BAILEY, Frederick George. *Gifts and Poison*: The Politics of Reputation. Oxford: Basil Blackwell, 1971.

BARANDIER, Henrique. Projeto urbano no Rio de Janeiro e as propostas para a área central nos anos 1990. In: SILVA, Rachel Marques (org.). *A cidade pelo avesso*: desafios do urbanismo contemporâneo. Rio de Janeiro: Viana & Mosley/PROURB, 2006. p. 145-167.

BARBIERI, Ricardo José. Apuração no Terreirão: discutindo redes no Carnaval. *Textos Escolhidos de Cultura e Arte Populares*, v. 6, p. 173-182, 2009.

BENCHIMOL, Jaime Larry. *Pereira Passos*: um Haussmann tropical. Rio de Janeiro: SMCTT, 1990.

BENJAMIN, Walter. A obra de arte na era de sua reprodutibilidade técnica. In: _____. *Magia e técnica, arte e política*: ensaios sobre literatura e história da cultura. São Paulo: Brasiliense, 1994. Obras escolhidas, v. 1, p. 165-196.

BIDOU-ZACHARIASEN, Catherine. Introdução. In: _____. (org.). *De volta à cidade*: dos processos de gentrificação às políticas de "revitalização" dos centros urbanos. São Paulo: Annablume, 2006. p. 21-57.

BITAR, Nina Pinheiro. *Baianas de acarajé*: comida e patrimônio no Rio de Janeiro. Rio de Janeiro: Editora Aeroplano. 2011. Coleção Circuitos da Cultura Popular, v. 2.

BRUSTOLIN, Cindia. O canto do estado: a questão quilombola no lugar menor. In: CONGRESSO LUSO AFRO BRASILEIRO DE CIÊNCIAS SOCIAIS, 11, Salvador, 2011. *Anais...* Salvador: UFBA, 2011.

CARNEIRO, Mayra Vaz. A festa como patrimônio: um estudo sobre a Festa de Nossa Senhora da Conceição do morro da Conceição, RJ. In: SIMPÓSIO NACIONAL DE HISTÓRIA, 26, São Paulo, 2011. *Anais...* São Paulo: USP, 2011.

CARVALHO, Ana Paula Comin de. O quilombo da família Silva: etnicização e politização de um conflito territorial na cidade de Porto Alegre/RS. In: ASSOCIAÇÃO BRASILEIRA DE ANTROPOLOGIA (org.). *Prêmio ABA/MDA Territórios Quilombolas*. Brasília: Versal Design, 2006. p. 33-46.

CARVALHO, José Murilo. *Os bestializados*. O Rio de Janeiro e a República que não foi. São Paulo: Companhia das Letras, 2001.

CASTRO, João Paulo. *Não tem doutores na favela, mas na favela tem doutores*: padrões de interação em uma favela do subúrbio do Rio de Janeiro. Rio de Janeiro, 1998. Dissertação (Mestrado em Antropologia Social) – Programa de Pós-graduação em Antropologia Social, Universidade Federal do Rio de Janeiro, Rio de Janeiro, 1998. 159 p.

CAVALCANTI, Maria Laura Viveiros de Castro. *Carnaval carioca*: dos bastidores ao desfile. Rio de Janeiro: Editora UFRJ, 1994.

CHALLOUB, Sidney. *Cidade febril*. São Paulo: Companhia das Letras, 1996.

CLIFFORD, James. Colecionando arte e cultura. *Revista do Patrimônio*, Rio de Janeiro, n. 23, p. 69-89, 1994.

COMPANS, Rose. Parceria público-privada na renovação urbana da Zona Portuária do Rio de Janeiro. *Cadernos Ippur/UFRJ*, Rio de Janeiro, v 1, n. 1, p. 79-105, 1998.

ECKERT, Cornélia. Cidade e política: nas trilhas de uma antropologia da e na cidade no Brasil. In: DUARTE, Luis Fernando (org.). *Horizontes das Ciências Sociais no Brasil*: Antropologia. São Paulo: Anpocs, 2010. p. 155-196.

FERNANDES, Nelson da Nóbrega. *O rapto ideológico da categoria subúrbio* — Rio de Janeiro 1858/1945. Rio de Janeiro: Apicuri/Faperj, 2011.

FONSECA, Maria Cecília Londres da. *O patrimônio em processo*: trajetória da política federal de preservação no Brasil. Rio de Janeiro: Editora UFRJ/Iphan, 2005.

FOUCAULT, Michel. *Michel Foucault*. Ditos e escritos. Rio de Janeiro: Forense Universitária. 2006. V. 3.

FRÚGOLI, Heitor; ANDRADE, Luciana Teixeira; PEIXOTO, Fernanda Arêas (org.). *As cidades e seus agentes*: práticas e representações. Belo Horizonte: PUC Minas/Edusp, 2006.

GARCIA, Januário. *25 anos 1980-2005*: movimento negro no Brasil. Brasília: Fundação Cultural Palmares, 2008.

GONÇALVES, José Reginaldo Santos. Os limites do patrimônio. In: LIMA FILHO, Manuel Ferreira; ECKERT, Cornélia; BELTRÃO, Jane (org.). *Antropologia e patrimônio cultural*: diálogos e desafios contemporâneos. Blumenau: ABA/Nova Letra, 2007. p. 239-248.

_____. *A retórica da perda*: os discursos do patrimônio cultural no Brasil. Rio de Janeiro: Editora UFRJ/Iphan, 1996.

_____. Autenticidade, memória e ideologias nacionais: o problema dos patrimônios culturais. *Estudos Históricos*, Rio de Janeiro, v. 1, n. 2, p. 264-275, 1988.

GUIMARÃES, Roberta Sampaio. *A utopia da Pequena África*. Os espaços do patrimônio na Zona Portuária carioca. Rio de Janeiro, 2011. Tese (Doutorado em Sociologia e Antropologia) – Programa de Pós-graduação em Sociologia e Antropologia, Instituto de Filosofia e Ciências Humanas, Universidade Federal do Rio de Janeiro. Rio de Janeiro, 2011a. 225 p.

_____. Entre vulgarizações e singularizações: notas sobre a vida social dos balaios. *Horizontes Antropológicos*, Porto Alegre, v. 17, n. 36, p. 127-143, 2011b.

_____. Representações, apresentações e presentificações do morro da Conceição: uma reflexão sobre cinema, patrimônio e projetos urbanísticos. In: GONÇALVES, Marco Antonio; HEAD, Scott (org.). *Devires imagéticos*: a etnografia, o outro e as imagens. Rio de Janeiro: 7Letras, 2009. p. 254-280.

_____. *A moradia como patrimônio cultural*: discursos oficiais e reapropriações locais. Rio de Janeiro, 2004. Dissertação (Mestrado em Sociologia e Antropologia) – Programa de Pós-graduação em Sociologia e Antropologia, Instituto de Filosofia e Ciências Humanas, Universidade Federal do Rio de Janeiro. Rio de Janeiro, 2004. 108 p.

HANDLER, Richard. On Having a Culture. In: STOCKING, George (org.). *Objects and Others*: Essays on Museums and Material Culture. Madison: The Winconsin University Press, 1985. p. 192-217.

HUYSSEN, Andreas. *Seduzidos pela memória*: arquitetura, monumentos, mídia. Rio de Janeiro: Aeroplano, 2000.

INGOLD, Tim. *The Perception of the Environment*: Essays in Livelihood, Dwelling and Skill. Londres: Routledge, 2000.

KIRSHENBLATT-GIMBLETT, Barbara. *Destination Culture*: Tourism, Museums and Heritage. Berkeley: University of California Press, 1998.

LAMARÃO, Sergio Tadeu Niemeyer. *Dos trapiches ao porto*. Um estudo sobre a Zona Portuária do Rio de Janeiro. Rio de Janeiro: Secretaria Municipal de Cultura, Turismo e Esportes/Biblioteca Carioca, 1991.

LEITE, Rogério Proença. *Usos e contra-usos da cidade*: lugares e espaço público na experiência urbana contemporânea. Campinas: Unicamp/UFS, 2007.

LÉVI-STRAUSS, Claude. *Antropologia estrutural*. São Paulo: Cosac Naify, 2008. V. 1.

_____; ERIBON, Didier. *De perto e de longe*. São Paulo: Cosac Naify, 2005.

LODY, Raul Giovanni. *Com o Carnaval no sangue*: sobre vivências e contribuições à memória das tradições carnavalescas afro-brasileiras. Rio de Janeiro: Editora Autor, 1993. Comunicado Aberto, n. 15.

_____. *Afoxé*. Rio de Janeiro: MEC/Campanha de Defesa do Folclore Brasileiro, 1976. Caderno de Folclore, n. 7.

LYNCH, Kevin. *A imagem da cidade*. São Paulo: Perspectiva, 1999.

MACCANNEL, Dean. *The Tourist*: A New Theory of the Leisure Class. Nova York: Scocken Paperbacks, 1976.

MAGNANI, José Guilherme Cantor. De perto e de dentro: notas para uma etnografia urbana. *Revista Brasileira de Ciências Sociais*, São Paulo, v. 17, n. 49, p. 11-29, 2002.

MARTINS, Ronaldo Luiz. *Mercadão de Madureira*: caminhos de comércio. Rio de Janeiro: Condomínio do Entreposto Mercado do Rio de Janeiro, 2009.

REFERÊNCIAS BIBLIOGRÁFICAS

MARTINS, William de Souza. A Ordem Terceira de São Francisco no Rio de Janeiro Colonial. In: REUNIÃO DA SOCIEDADE BRASILEIRA DE PESQUISA HISTÓRICA, 26, Rio de Janeiro, 2006. *Anais...* Rio de Janeiro: SBPH, 2006.

MARCONDES, Marcos Antônio (ed.). *Enciclopédia da música brasileira* — erudita, folclórica e popular. São Paulo: Arte Editora/Itaú Cultural, 1977.

MCDONOGH, Gary Wray. Myth, space and virtue: bars gender and change in Bacelona's "Barrio Chino". In: LOW, Setha; ZÚÑIGA, Denise (org.), *The anthropology of space and place*. Oxford: Blackwell, 2003. p. 264-283.

MIZRAHI, Rachel. *Imigrantes judeus do Oriente Médio: São Paulo e Rio de Janeiro*. São Paulo: Ateliê Editorial, 2003.

MOURA, Roberto. *Tia Ciata e a Pequena África no Rio de Janeiro*. Rio de Janeiro: Secretaria Municipal de Cultura, 1995.

PEREIRA, Júlio César Medeiros da Silva. À flor da terra: o cemitério dos pretos novos no Rio de Janeiro. Rio de Janeiro: Garamond/ Iphan, 2007.

RABHA, Nina. Entre ontem e amanhã, acontecer hoje. *Cadernos do Patrimônio Cultural*, Secretaria Municipal de Cultura – DGPC, Rio de Janeiro, n. 4-5, p. 63-67, 1994.

RODRÍGUEZ, Stella Cáceres. *Lugar, memórias e narrativas da preservação nos quilombos da cidade do Rio de Janeiro*. Rio de Janeiro, 2012, 373 p. Tese (Doutorado em Geografia) – Programa de Pós-graduação em Geografia, Universidade Federal do Rio de Janeiro. Rio de Janeiro, 2012.

SANSONE, Livio. Estados Unidos e Brasil no Gantois: o poder e a origem transnacional dos estudos afro-brasileiros. *Revista Brasileira de Ciências Sociais*, São Paulo, v. 27, p. 9-29, 2012.

SASSEN, Saskia. *The GLOBAL Cities*. Nova Jersey: Princeton, 1991.

SEVCENKO, Nicolau. *A Revolta da Vacina*. São Paulo: Cosac Naify, 2010.

SIGAUD, Márcia Frota; PINHO, Claudia Maria Madureira. *Morro da Conceição*: da memória ao futuro. Rio de Janeiro: Sextante/PCRJ, 2000.

SIMÕES, Soraya. *Vila Mimosa*: etnografia da cidade cenográfica da prostituição carioca. Niterói, Eduff, 2010.

SILVA, Marília; OLIVEIRA, Arthur. *Silas de Oliveira*. Do jongo ao samba-enredo. Rio de Janeiro: Editora MEC/Funarte, 1981.

SILVA, Vagner Gonçalves da. *O antropólogo e sua magia*: trabalho de campo e texto etnográfico nas pesquisas antropológicas sobre as religiões afro-brasileiras. São Paulo: Edusp, 2000.
SMITH, Neil. Gentrification, the Frontier, and the Restructuring of Urban Space. In: _____; WILLIAMS, Peter (org.). *Gentrification of the City*. Londres: Allen & Unwin, 1987. p. 15-35.
STEWART, Susan. *On Longing*: Narratives of Miniature, the Gigantic, the Souvenir, the Collection. Baltimore: The John Hopkins University Press, 1984.
THIESEN, Icléia; BARROS, Oliveira Cavalcanti; SANTANA, Marco Aurélio (org.). *Vozes do porto*: memória e história oral. Rio de Janeiro: DPA/UNIRIO, 2005.
VAN GENNEP, Arnold. *The rites of passage*. Chicago: The University of Chicago Press, 1960.
VASSALLO, Simone Pondé. Releituras da escravidão negra e da Zona Portuária do Rio de Janeiro: o caso do Instituto dos Pretos Novos (IPN). In: PONTES JR., Geraldo Ramos et al. (org.), *Cultura, memória e poder*: diálogos interdisciplinares. Rio de Janeiro: Eduerj, 2012. p. 83-92.
VELHO, Gilberto. Patrimônio, negociação e conflito. In: LIMA FILHO, Manuel Ferreira; ECKERT, Cornélia; BELTRÃO, Jane (org.). *Antropologia e patrimônio cultural*: diálogos e desafios contemporâneos. Blumenau: ABA/Nova Letra, 2007. p. 249-261.
WEINER, Annette. *Inalienable possessions*: the paradox of keeping-while-giving. Berkeley: University of California Press, 1992.

Outras fontes

BRASIL. MINISTÉRIO DO DESENVOLVIMENTO AGRÁRIO. INSTITUTO NACIONAL DE COLONIZAÇÃO E REFORMA AGRÁRIA (INCRA). *Relatório histórico e antropológico sobre o quilombo da Pedra do Sal*. Rio de Janeiro: Incra/UFF, 2007.
COHRE. Despejos e luta pela permanência no Centro do Rio de Janeiro. *Boletim Quilombol@*, fevereiro de 2007.
FUNDAÇÃO CULTURAL PALMARES. Quilombo da Pedra do Sal é área remanescente de quilombo, afirma presidente da FCP à Rede Globo. S. n.: s.l., 24 de maio de 2007. Disponível em: http://www.palmares.gov.br/2007/05/quilombo-da-pedra-do-

REFERÊNCIAS BIBLIOGRÁFICAS

-sal-e-area-remanescente-de-quilombo-afirma-presidente-da--fcp-a-rede-globo/. Acesso em: 2011.

GRUMBACH, Cristiana. *Morro da Conceição...* Rio de Janeiro: Crisis Produtivas, 2005. 86 min.

IBB. Entrevista com Joel Rufino. *Batucadas Brasileiras*, 15 set. 2008.

RIO DE JANEIRO. GOVERNO DO ESTADO. INSTITUTO NACIONAL DO PATRIMÔNIO CULTURAL (INEPAC). *Proposta de Tombamento da Pedra do Sal*. Rio de Janeiro: Inepac, 1984.

ISTO É ON LINE. Quilombos contra igreja. Demarcação de terras de supostos descendentes de escravos ameaça propriedades eclesiásticas. São Paulo, Abril, 31 ago. 2007.

JORNAL O GLOBO/ O ESTADO DE S. PAULO. Quilombos urbanos. 29 de outubro de 2007.

KOINONIA. Direito de resposta da Venerável Ordem Terceira de S. Francisco da Penitência. *Observatório Quilombola*, 1º ago. 2007.

_____. Em defesa da escola, seja ela da Ordem, pública ou privada na Região Portuária. Nunca fomos contra escola e nunca lutamos pelo seu fim... *Observatório Quilombola*, 20 jul. 2007.

_____. Igreja desaloja moradores da Zona Portuária. *Observatório Quilombola*, 2 dez. 2005.

O ESTADO DE S. PAULO. Na Zona Portuária, frades brigam por Pedra do Sal. São Paulo, 12 ago. 2007.

O ESTADO DO PARANÁ. Lúcio Rangel dá nome para estimular a MPB. Curitiba, 8 abr. 1980.

REDE GLOBO DE TELEVISÃO. É ou não é quilombo?. *Jornal Nacional*, 28 de maio de 2007.

REVISTA DO INSTITUTO DE ESTUDOS BRASILEIROS. Corredor Cultural. São Paulo, n. 34, p. 63-68, 1992.

RIO DE JANEIRO. PREFEITURA DA CIDADE. *Porto do Rio*: plano de recuperação e revitalização da região portuária do Rio de Janeiro. Rio de Janeiro: SMU/IPP, 2001.

Sobre a autora

Roberta Sampaio Guimarães é professora adjunta do Departamento de Ciências Sociais da UERJ. Doutora e mestre em antropologia cultural pelo Programa de Pós-Graduação em Sociologia e Antropologia do IFCS/UFRJ. Pesquisadora associada do Laboratório de Antropologia da Arquitetura e Espaços (Laares) do IFCS/UFRJ. Coorganizadora do livro *A alma das coisas: patrimônios, materialidade e ressonância* (Mauad X/Faperj), juntamente com José Reginaldo Santos Gonçalves e Nina Pinheiro Bitar. Desenvolve pesquisa sobre os temas dos objetos e patrimônios, projetos urbanísticos e formas arquitetônicas e cultura e memória afro-brasileiras.

PRAÇA MAUÁ.
AGOSTO DE 2009.

COMÉRCIO DA RUA SACADURA CABRAL, NA ALTURA DA PRAÇA MAUÁ. ABRIL DE 2008.

FACHADA DA LADEIRA JOÃO HOMEM.
NOVEMBRO DE 2007.

MIRANTE DA RUA JOGO DA BOLA, COM VISTA PARA A BAÍA DE GUANABARA. NOVEMBRO DE 2007.

SOBRADOS DA RUA SÃO FRANCISCO DA PRAINHA.
ABRIL DE 2008.

CASAS DO PROJETO HUMANIZAÇÃO DO BAIRRO, NO ADRO DE SÃO FRANCISCO. OUTUBRO DE 2007.

RUA BARÃO DE SÃO FÉLIX, NO ENCONTRO COM A RUA CAMERINO E A PRAÇA DOS ESTIVADORES.
DEZEMBRO DE 2007.

MURADA DO JARDIM SUSPENSO DO VALONGO.
AGOSTO DE 2009.